POESÍA VERBUM

TODA LA GENTE QUE CONOZCO

colección **Poesía**

Dirigida por Pedro Shimose

La colección Verbum Poesía ha mantenido desde sus inicios la vocación de dar a conocer voces poéticas de sostenido prestigio en sus países de origen, pero poco o nada conocidas en España (Gastón Baquero, Hugo Gutiérrez Vega, Santiago Sylvester, Mario Merlino, Leopoldo Castilla, etc., de Hispanoamérica; So Chongju, Chunsu Kim, Yun Tong-ju, Chon Sangbyon, Yi Sang, etc., de Corea; Tawara Machi, de Japón; Tugrul Tanyol, de Turquía; E. E. Cummings, Steven White y Louis Bourne, de Estados Unidos; Veronique Tadjo, Babacar Sall, Jean-Luc Raharimanana, etc., de África); así como de autores españoles (Carlos de la Rica, Luis Antonio de Villena, Jesús Hilario Tundidor, Antonio Gamoneda, Pablo Guerrero, Ana María Facundo, Antonio Colinas y Vicente Cervera, entre otros).

FERNANDO PESSOA

Toda la gente que conozco

(Antología poética)

Selección, traducción y prólogo:
Evelio Traba

EDITORIAL VERBUM

Manzana, 9, bajo único. 28015 MADRID (España)
✆ +34 91 446 88 41
e-mail: ediciones@editorialverbum.es
info@editorialverbum.es
www.editorialverbum.es
I.S.B.N.: 978-84-9074-527-4
Depósito Legal: M-11653-2017
Diseño de colección: Origen Gráfico, S. L.
Preimpresión: Grafía Soluciones Gráficas, S. L.
Impreso en España por
SAFEKAT

ÍNDICE

¿Dónde tengo que llevarlo?, preguntó el conductor. Lléveme hasta el final del sueño, dijo Pessoa, hoy es el día triunfal de mi vida.

NO DEJES QUE NADIE
TE CORTE LAS ALAS
SUEÑA
SIEMPRE
HASTA CON LOS OJOS ABIERTOS

ANTONIO TABUCCHI
Sueños de sueños

Prólogo

La vasta mundanidad de un solitario

El jueves 8 de marzo de 1914, un joven poeta portugués sabe que está viviendo una experiencia mística o casi alucinatoria mientras escribe *El guardador de rebaños.* En tanto dura el trance, tiene plena seguridad de que es un tal Alberto Caeiro quien le dicta aquel manojo de versos. Su nombre es Fernando Pessoa. Su apariencia la de un oficinista modesto de los tantos que abundan en la Baixa. El éxtasis le ha producido el mismo agotamiento que un castigo. La felicidad de este alumbramiento le mantendrá deliciosamente insomne durante toda la noche, auscultando el silencio del barrio en que vive y sueña. Comenzará en su vida una especie de tauromaquia con el Misterio, en la que, al fin, la sangre del toro y la destreza del torero serán tan ilusorias como la multitud que aclama el espectáculo desde las gradas. Fernando Pessoa es un hambriento de irrealidad y sabe que no habrá límites que detengan su gula de infinito.

Faltan cuatro meses y veinte días para que la Gran Guerra desfigure el rostro de Europa. No será la primera vez que *alguien* use la caligrafía de nuestro poeta para revelarse. Ya ha ocurrido antes, con ciertos balbuceos (Search y Anon) que a partir de ahora serán un sistema articulado de una belleza tan compleja como fascinante. Nuestro poeta –un ser antigregario por excelencia– construirá para sí mismo una multitud no menos problemática y variopinta que aquellas de las que él mismo intentará escapar en lo adelante.

El viaje ha comenzado con su nacimiento, el 13 de junio de 1888, en Lisboa, en un inmueble de la Plaza de San Carlos. El de sus padres es un matrimonio casi clase media alta formado por Joaquim Seabra Pessoa y Maria Madalena Pinheiro Nogueira, ambos de familias oriundas de Algarve e Isla Terceira respectivamente. Durante la segunda mitad de ese año, mientras nuestro poeta es apenas un lactante, Guillermo II será coronado Emperador de Alemania, Jack el Destripador sumirá en pleno terror a todo Londres, Tesla hará la primera descripción del campo magnético, y Nietzsche, en un momento final de cordura, escribirá la última página de su Ecce Homo.

En los años que vendrán, la vida de Pessoa, como es normal que sea, seguirá siendo un mazo de tarot aún en blanco. La muerte prematura de su padre en 1893, a raíz de una tuberculosis fulminante, será el primer decorado trágico en el entramado de su destino. En 1895 su madre volverá a casarse, derivando de esa nueva unión una mudanza a Durban, Sudáfrica, colonia británica en donde su marido, el comandante João Rosa, ha sido nombrado Cónsul de Portugal. A lo largo de su vida, Pessoa apenas hablará de su estancia en África, pero a ella deberá en lo adelante su adquisición del inglés como segunda lengua y el adiestramiento en Contabilidad que tan de perlas le vendrá a su pose de oficinista sin otro mérito que la subsistencia. Testimonios de personas de su propia familia, lo describen como a un niño introvertido, por completo dependiente del amor materno, reacio a cualquier tipo de juegos que implicasen actividad física o un contacto excesivo con otros niños, aunque estos fuesen sus propios hermanos nacidos en Sudáfrica. Luego un Fernando Pessoa pre-adolescente, será señalado como un alumno de dotes excepcionales por sus profesores de aquella época entre los que destacan el eminente *headmaster* W.H. Nicholas, sin dudas una influencia decisiva en sus primeros años de formación. Sus sorprendentes muestras de precocidad, tienen tal vez su origen en el hecho de que Pessoa comenzó a vivir en un mundo bidimensional: por una parte, las convenciones y compromisos de su realidad vital que desde luego no parecían importarle mucho, por otra el universo fascinante de sus primeras lecturas, definidas por la complejidad y el placer estético que producen en una inteligencia inquieta y un alma de tempranas inclinaciones contemplativas. De esa relación apasionada con la letra impresa, nacerán sus primeros tanteos heteronímicos, tal y como asegura Robert Bréchon, posiblemente el mejor informado de todos sus biógrafos.

Antes de que su educación victoriana le diluya en modales inútiles y le acerque demasiado a un sentido práctico de la vida, el joven Fernando habrá de conservar intacta la *saudade* lusitana, su sentido elemental de la melancolía como la posesión más valiosa con que puede contar un poeta en ciernes. No hay en la memoria de Pessoa un registro abundante de imágenes de Lisboa, ni de lazos vivenciales que lo aten a ella. Pero en su caso, como en el de todo poeta auténtico, la melancolía es algo que puede y debe fabricarse. Sin ella la inspiración es mercenaria, y por tanto, de falsos quilates. Muchos años después, por boca de uno de sus heterónimos, dirá en su *Autopsicografía*:

El poeta es un fingidor.
Finge tan completamente
que finge que es dolor
el dolor que de veras siente.

No sabemos si Pessoa quiso ejercer sobre sus años sudafricanos un olvido voluntario. Pero un poeta, como un asesino, siempre deja rastros que permiten reconstruir segmentos de su historia por más que se esfuerce en autosilenciarse. ¿Acaso le repugnó alguna vez su aspiración adolescente de convertirse en un *british gentleman*? Posiblemente fuese así dada su condición posterior de artista irreverente. De todas formas, el Pessoa a medio camino entre la niñez y la adolescencia, vive en un plano vital que bien pudiésemos llamar apátrida. Por entonces, vive más intensamente en las páginas de Shakespeare, (su primer paradigma de complejidad) Milton, Carlyle y Macaulay, que en el ámbito familiar donde tal vez su "exceso de autoconsciencia" sea una preocupación para Don Joaõ y la madre Maria Madalena. De algún modo, el Pessoa de aquella época, se asemeja mucho al joven Josef Knecht de Hesse en *El juego de abalorios*: "...se encontró cambiado, se sintió crecer, experimentó nuevas reacciones, nuevas armonías entre el mundo y él mismo, pudo dominar en pocas clases temas que todavía para su edad y sus camaradas eran excesivos, se sintió capaz de cualquier tarea, y pudo en otras horas olvidarlo todo y soñar con una suavidad y un abandono nuevos para él...[1]" Se trata, en todo caso, de un crecimiento en que la raíz contiene, en su expansión a las profundidades, varias veces la dimensión del follaje. En Pessoa, lo que todos ven tiene la apariencia de lo insignificante, y es justo en lo que pocos intuyen donde comienza lo monstruoso, lo desconcertante.

Geerdts y Ormond, antiguos compañeros de estudios, revelaron años más tarde, rasgos de su carácter asociados a una precocidad avasalladora y a una compostura fuera de lo común. En el momento en que el joven Pessoa consolida sus aprendizajes de "lector bulímico" (así lo llama Bréchon en su célebre biografía) y cree que la lengua de su escritura habrá de ser el inglés, una mano invisible parece acomodar el tablero de su destino. El estudiante que un tiempo atrás ha recibido el *Premio Reina Victoria* al mejor ensayo en inglés, entre un millar de alumnos anglófonos, resulta en 1904 injustamente excluido de poder cursar estudios superiores en Oxford. Tenía para entonces las notas más altas de la provincia, pero muchos de sus biógrafos insisten en que no resultó favorecido a razón de no ser ciudadano británico, dado que esta

[1] Hermann Hesse, *El juego de abalorios* (La Habana: Arte y Literatura, 1988), 62.

clase de beneficios solo recaía en aspirantes de tal nacionalidad. Aquellos eran procederes comprensibles en el mundillo colonial de Durban, pero que sin dudas decepcionaron profundamente al joven Fernando. Sin embargo, gracias a esta negativa, Pessoa es considerado hoy el poeta portugués más importante del siglo XX. No imaginamos cuál hubiese sido su destino en Inglaterra, pero de seguro se habría alejado considerablemente de lo que en la actualidad representa su obra para todos sus admiradores. Y este es el punto donde el tópico de "lo que pudo haber sido y no fue" lo emparenta con Cervantes: el Pessoa de Oxford es tan inconcebible como el soldado de Lepanto que resulta favorecido con un puesto administrativo en América. Un tirón de puertas en las narices, abre otras puertas invisibles, inaugura un tiempo –espacio de resignación y extrañeza, pero sin dudas ha comenzado a cumplirse algún tipo de predestinación.

En 1905, a consecuencia de este portazo en seco, Pessoa ha decidido probar suerte en Lisboa. Este regreso lo marcará en lo profundo a razón de que significa un cambio de lengua en el orden cotidiano y práctico, un viraje de perspectivas y la exploración entusiasta de un mundo que antes había visto como un universo entrañablemente ajeno. Es justamente ese el punto de su vida en que redescubre las posibilidades expresivas del portugués como lengua literaria, el instante en que se produce un encuentro íntimo entre él y toda una tradición de la que será un furibundo defensor. En este año de bruscas convulsiones es que comienza a perfilarse la fisonomía poética de Pessoa más o menos parecida a lo que hoy conocemos de él. Con orgullo asume entonces que el mundo de sus ancestros lusitanos tiene mucho más que ofrecerle que una insípida colonia donde todo es demasiado reciente y mezquino. En Durban, la irrealidad de que precisa es endeble o casi inexistente. En Lisboa, la posibilidad de lo imposible se respira desde el ángulo en penumbras de cualquier café, desde cualquier ventana que permite ver los tranvías internándose tras el telón de la llovizna. En esta ciudad nacerá el transformismo poético que será el centro de su obra. Toda ella será para él, como ha dicho Borges de Buenos Aires, "un plano de mis humillaciones y fracasos"[2]. La Lisboa de su cuna, también será la de su tumba veinte años más tarde. Pocos como él conocerán los intersticios de su colmena humana.

A este Pessoa que aún sigue escribiendo en inglés, comenzarán a apasionarle los grandes mitos portugueses relacionados con la Historia y las Bellas Letras. La soledad elegida como destino le develará una multitud de rostros en el espejo. Serán los años en que la abominación de sí le lleve a una desbordante catarsis de lo ficticio. La fecundación de lo irreal abarcará cerca de una década en su vida. Los embriones de Caeiro, Campos, Reis y Soares, están ahora –entre 1905 y 1913– alimentándose de incansables lecturas teosóficas, confecciones de horóscopos, sesiones de espiritismo, y una nítida radiografía de las circunstancias que vive Portugal. Esta cuadriga de homúnculos irá alcanzando su difícil humanidad bajo el influjo de amistades trascendentales como Sa-Carneiro y el general retirado Henrique Rosa. En cada una de sus casi veinte mudanzas lisboetas, Pessoa irá acompañado por estos seres nacidos de la cópula brutal entre la tinta y el papel. El trazo en firme de cada fisonomía irá atenuando la identidad del poeta, hasta un punto en que es él quien se advierte fantasma en el escenario de lo que precariamente llamamos" mundo real". Llegado un momento, Pessoa está convencido de que son ellos quienes lo han engendrado. Esa incertidumbre es, posiblemente uno de los mayores encantos de su obra. De hecho, la presente antología se sostiene en ese juego calidoscópico en que todos los rostros aparecen modelados de una misma arcilla.

---

[2] Jorge Luis Borges, *Antología Poética 1923-1977* (Madrid: Alianza Editorial, 1998), 89.

Los ocultistas que de continuo revisitan el hermetismo de sus versos, aseguran la realidad alguna vez corpórea de estas identidades, destacando en Pessoa extraordinarias cualidades de médium. No olvidemos que el propio poeta sabe que sus heterónimos, más allá de un mero disfraz, son encarnaciones psíquicas del todo independientes respecto a la existencia de su "descubridor". Así, Alberto Caeiro, se le revela el 8 de marzo de 1914, el "día triunfal" mencionado al principio de estas páginas. Su nacimiento se remonta a 1889 en las afueras de Lisboa. Con escasos estudios formales, es un poeta de la Naturaleza, una especie de neobucólico cuyo empeño reside en aceptar las cosas como son sin querer penetrar su supuesto sentido oculto. Para él, lo único cierto radica en las sensaciones que produce el contacto directo con el mundo. Poco le importan los conceptos y las teorías. De estatura media, ojos azules, pelo rubio y apariencia campesina, es a él a quien Pessoa reconoce como a su legítimo "maestro". La tuberculosis lo derriba en 1915, pero su omnipresencia en la vida de Pessoa desbarata en el lector (y en el propio Pessoa) la idea de su muerte, porque el resto de los heterónimos son más sus discípulos que sus hermanos de tinta. Pocos poetas de su tiempo son dueños de la aguda sencillez con que cuestiona el sentido de la existencia. Para Caeiro las sensaciones son la puerta y el límite de toda expansión humana. La plenitud misma, sin intermediarios ni malabaristas verbales que intenten definirla.

En medio de ese gran burbujeo placentario, se produce, posiblemente entre la primavera y el verano de 1914, el nacimiento del resto de la "camarilla". La opinión de grandes especialistas en la obra pessoana (Teresa Rita Lopes y Robert Bréchon) ha coincidido en que es Ricardo Reis quien sucede en el tiempo a Caeiro, pero con muy pocas semejanzas con respecto a éste. Nacido en Oporto en 1887, es médico, monárquico, y un poeta decididamente neopagano para quien los valores de la antigüedad grecolatina son los que deberían regir la vida del hombre moderno. Para él los dioses no han muerto: se trata más bien de una especie de ocultamiento no evidente para aquellos que aún no han sido iniciados en los secretos de la contemplación. Su poética está marcada por el sentido del *tempus fugit* y la certeza de que somos humo y polvo, "cadáveres aplazados que procrean". Se diferencia notablemente de Caeiro por su formación clásica y la sobriedad tribunicia de un bardo a quien puede leerse pensando en valores propios del reinado del emperador Augusto. Se trata en todo caso, de una personalidad que confiere especial importancia a las maneras y el cuidado de las formas, tanto en el plano de la expresión poética como individual. Es un conservador que se debate entre la modorra de lo habitual y las tormentas de una transgresión que considera necesaria. De algún modo, Reis es un sustrato del inconsciente de Pessoa relacionado posiblemente con aquellos años de aprendizajes grecolatinos en Durban, pero en su circunspección y disciplina por completo alejado del carácter intrínseco de éste. En él podemos advertir una vaga imagen del Pessoa que felizmente no fue un paradigma de buenos modales y apego a las convenciones de su época. En el alma de Pessoa, Reis se mueve en un registro intermedio entre la serenidad apolínea y el desatino de una modernidad que todo lo apresura y banaliza.

A lo largo de toda la poética pessoana, se advierte de forma evidente que la evolución caracterológica de sus heterónimos va desde el primitivismo sapiente de Caeiro –pasando por el clasicismo nihilista de Reis– hasta la amoralidad cínica y desafiante que poseen Campos y Soares, como sujetos que aborrecen la urbanidad sin poder escapar de ella. En este sentido, uno de los grandes méritos de Pessoa consiste en haber modelado diversos mundos psíquicos que no están, ni muy distantes de sus predilecciones de espíritu ni de posturas que en lo íntimo le hubiesen resultado cuando menos antipáticas. Cuestión de pinceladas que solo un gran maestro sabe asentar sobre el lienzo de las criaturas que ha engendrado. Sin dudas estaba convencido de que los perfumes más auténticos son muchas veces una mezcla inteligente de esencias sublimes y sustancias infames. Su talento de alquimista está en la cristalización de lo heterogéneo y de una diversidad salvaje sin la cual no puede entenderse la esencia de fenómeno alguno.

En el caso de Álvaro de Campos se trata del heterónimo que ha hecho mundialmente famoso a Pessoa con su *Oda marítima* y su archiantologado *Tabaquería*. Campos, nacido en Tavira en 1890, es un ingeniero naval graduado en Glasgow, con ciertas trazas de dandy ilustrado y abiertamente homosexual que lo convierten en el más reaccionario y excéntrico de toda la "camarilla". En sus versos reverbera el desencanto de quien ha mirado el Infinito a los ojos sin hallarle eternidad en las pupilas. Es, entre todos, aquel cuyo drama vital se acerca con mayor fidelidad a la conciencia fragmentaria del hombre moderno, a la angustia de saber que el mundo está regido por la aspereza de lo absurdo y no por el terciopelo de la razón. La amargura del estatismo y la insatisfacción que producen los viajes lo aplastan de igual modo. Su inspiración whitmaniana crea en él una resonancia de carnaval en que caben todas las desmesuras del gozo y todas las penas de la decepción. Fascinado con la velocidad y el triunfo de las máquinas, logra, sin embargo, una seductora apología del fracaso y el sentido de lo "inútil". El humanismo que atraviesa *Paso de las horas*, *Salutación a Walt Whitman* y *Oda triunfal*, radica en aceptar que las cosas se tornan perdurables por su precariedad y no por la dureza de la materia que las compone. Refiriéndose a su personalidad, Robert Bréchon señala el centro de su conflicto vital: "...la desproporción entre la inmensidad de consciencia del hombre y el espacio estrechamente limitado de su vida real"[3]. Tal vez de este enfrentamiento entre lo

---

[3] Robert Bréchon, *Extraño extranjero, una biografía de Fernando Pessoa* (Madrid: Alianza Editorial, 2000), 262.

cósmico y lo albañal es que nace la extroversión masoquista de un Campos en quien la complejidad ha alcanzado la dignidad de un vicio y el escepticismo una forma de absoluta fe ante el Destino. "Sentirlo todo de todas las maneras", esta parece ser su divisa y la del propio Pessoa que no cesa de desdoblarse e impostar, sin otro beneficio que huir de la sensatez como de una condena.

No conforme con la iluminación iletrada de Caeiro, el paganismo sentencioso de Reis ni la indiferencia procreadora de Campos, nacerá Bernardo Soares, autor de *El libro del desasosiego*. Considerado por Pessoa un semi heterónimo, como él es traductor de cartas comerciales en el centro de negocios de la Baixa, un topo de oficina que garabatea el mundo exterior a base de fragmentos, que, como la vida misma, carecen de orden y consecución lógica. El desdoblamiento pessoano es discreto esta vez, sin la brusquedad de transición que con respecto a él se observa en el resto de sus creaciones. En este sentido, *El libro del desasosiego* es una especie de máscara idéntica al rostro que pretende ocultar. Hay en él un cúmulo de alusiones y relámpagos mentales que convierten lo insignificante de la vida cotidiana en todo un monumento de significación y enigma. En sus más de quinientos fragmentos, el poeta juega a ser un carnicero de sí mismo: "Por crear me he destruido; tanto me he exteriorizado dentro de mí, que dentro de mí no existo sino exteriormente. Soy la escena viva por la que pasan varios actores representando distintas piezas.[4]" Exento de biografía, extrovertido y silente, observador y ciego a voluntad, Bernardo Soares es el autor de la mayoría de aforismos que el mundo ha atribuido a Fernando Pessoa, un solitario de vasta mundanidad que jamás se cansó de codearse de amigos imaginarios. La suma de todos, según sus biógrafos, sobrepasa los setenta, pero sin dudas los

[4] Fernando Pessoa, *El libro del desasosiego* (Madrid: Alianza Editorial, 2016), 74.

cuatro antes esbozados representan la feroz originalidad de su quehacer poético.

Cabe entonces preguntarse, ¿por qué, a más de ochenta años de su muerte, la obra de Pessoa sigue sumando admiradores y entusiastas cuya fidelidad raya a veces en el fanatismo? No parece haber una respuesta concluyente al respecto, pero todo parece indicar que el poeta lusitano supo describir como pocos la incertidumbre del hombre contemporáneo frente a los conceptos de triunfo y derrota, felicidad y angustia. Esa ambigüedad de una vida que no es éxtasis ni tortura, que no es cuento de hadas ni leyenda horror, y a la vez simula ser una situación intermedia entre esos estados, parece ser uno de los elementos más atractivos de su estética. Robert Bréchon ha observado el tema desde un ángulo tan profundo como inquietante: "La poesía deviene en crítica de la poesía, pero también de la teología, la moral, la política, el arte y la cultura. Entabla un proceso contra todo lo que, en nuestra vida, nos parece habitualmente más humano: los sentimientos, las ideas, los valores, la verdad, la belleza, la bondad.[5]" Se trata, sin dudas, de un amplio mapa de la realidad donde los límites que separan unos elementos de otros, apenas aparecen sugeridos o tenuemente esbozados.

Quien lee a Pessoa, más allá de una incitación o circunstancia en particular, advertirá que lo importante no es tanto su biografía como las alteraciones que introdujo en ella por medio de la invención poética. Su ambición no fue forjar una leyenda que corriese paralela a su buen nombre, sino cimentar, a niveles insospechados, su propia invisibilidad. Después de su regreso a Lisboa nunca saldrá de Portugal. No será un poeta viajero como Rimbaud o Rilke. Tiene plena certeza de que el mundo cabe en una gota de tinta y decide correr el riesgo de permanecer en un mismo sitio. Para

---

[5] Bréchon, *Extraño extranjero, una biografía de Fernando Pessoa*, 63.

él, con que Álvaro de Campos haya estado en el Oriente, basta y sobra. Su vida, dominada por los malabares de la imaginación, no precisará de convulsiones externas que le den sentido. Desde su juventud tiene claro que un empleo a tiempo completo es lo más parecido a un sepulcro para un artista, y por ello elige contratos que le deparen la mayor cantidad de horas libres. Aunque tiene la convicción de que la totalidad de su obra permanecerá largo tiempo inédita, sabe que ella es su fortuna en abstracto y no se deja engatusar por las promesas ordinarias de una remuneración cuantiosa. No creerá en el matrimonio, pero sí en la amistad como un regalo de los dioses. Desconfiará de todos los credos y no obstante será un místico. Se alejará de las multitudes y sin embargo no cesará de fabular estrafalarias compañías. Será un abúlico y a la vez un feroz discutidor político. Reconocerá la grandeza del amor en Ofelia Queiroz, pero escapará de ella como lo ha hecho ante otras sujeciones no menos tentadoras. Desde su llegada a Lisboa será una especie de Harry Houdini, pero en su caso puntual un escapista de sí mismo, un maestro de la evasión al que en gran medida sus lectores incondicionales querrán imitar. Asistirá en sus últimos días, al ocaso de un mundo y luego al nacimiento de otro aún más abominable y grotesco. Beberá de todos los elíxires y aun así será el loco que grita a los cuatro vientos la bancarrota universal de la razón. Logrará, como buen pícaro y autor de bromas siniestras, que quienes lo amamos, digamos de él: “Porque Caeiro esto, Reis lo otro, Campos aquello y Soares ni sé cuánto”. El resto, el principio, el medio y el fin de su vida, serán objetos de abultadas biografías de donde siempre escapará nuestro héroe como de un cerco policial. El Pessoa que convierte a sus lectores en rehenes agradecidos, en torturados felices, viene a vuelta de página. ¿Quién mejor que él (o ellos) para revelarnos su propio misterio?

Evelio Traba, en Quito, a 29 de enero de 2017.

ALBERTO CAEIRO

Y sin embargo yo siempre he llevado una existencia sencilla, replicó Caeiro, he vivido brevemente en una casa de campo en compañía de una tía abuela, he hablado solo del tiempo que pasa, de las estaciones, de los rebaños.

ANTONIO TABUCCHI,
Los tres últimos días de Fernando Pessoa

El guardador de rebaños

I

Nunca guardé rebaños,
pero es como si los guardara.
Mi alma es como un pastor,
conoce el viento y el sol
y va de la mano de las Estaciones
siguiendo y mirando.
Toda la paz de la Naturaleza sin gente
viene a sentarse a mi lado.
Pero me pongo triste como una puesta de sol
para nuestra imaginación,
cuando refresca en el fondo de la llanura
y se siente que la noche ha entrado
como una mariposa por la ventana.
Pero mi tristeza es sosiego
porque es natural y justa
y es lo que debe haber en el alma
cuando piensa que existe
y las manos cogen flores sin darse cuenta.
Como un ruido de cencerros
más allá de la curva del camino,
mis pensamientos están contentos.
Sólo me apena saber que están contentos,
porque, si no lo supiese,
en vez de estar contentos y tristes,
estarían alegres y contentos.
Pensar es incómodo como andar bajo la lluvia
cuando el viento crece y parece que llueve más.
No tengo ambiciones ni deseos.

Ser poeta no es una ambición mía.
Es mi manera de estar solo.
Y si a veces deseo,
por imaginar, ser corderillo
(o ser todo el rebaño
para andar esparcido por toda la ladera
siendo muchas cosas felices al mismo tiempo),
es sólo porque siento lo que escribo al ponerse el sol,
o cuando una nube pasa la mano por encima de la luz
y un silencio recorre la hierba.
Cuando me siento a escribir versos
o, paseando por los caminos o los atajos,
escribo versos en un papel que está en mi pensamiento,
siento un cayado en las manos
y veo una silueta mía
en la cima del altillo,
mirando a mi rebaño y viendo mis ideas,
o mirando a mis ideas y viendo mi rebaño,
y sonriendo vagamente como quien no comprende lo que se dice
y quiere fingir que lo comprende.
Saludo a cuantos me lean
quitándome el sombrero de ala ancha,
cuando me ven en mi puerta
apenas asoma la diligencia por la cima del altillo.
Los saludo y les deseo sol,
y lluvia, cuando la lluvia es necesaria,
y que sus casas tengan
junto a una ventana abierta
una silla predilecta
donde sentarse a leer mis versos.
Y que al leer mis versos piensen
que soy una cosa natural:

por ejemplo, el árbol antiguo
a cuya sombra, siendo unos niños,
se sentaban de golpe, cansados de jugar,
y se limpiaban el sudor de la frente ardiendo
con la manga del suéter a rayas.

II

Mi mirada es nítida como un girasol.
Tengo la costumbre de andar por los caminos
mirando a la derecha y a la izquierda
y de vez en cuando mirando para atrás...
Y lo que veo a cada instante
es lo que antes nunca había visto,
y me doy buena cuenta de ello.
Sé sentir el asombro esencial
que tiene un niño si, al nacer,
de veras reparase en que nacía...
Me siento nacido a cada instante
a la eterna novedad del mundo...
Creo en el mundo como en una margarita
porque lo veo. Pero no pienso en él,
porque pensar es no comprender...
El mundo no se ha hecho para pensar en él
(pensar es estar enfermo de los ojos),
sino para mirarlo y estar de acuerdo...
Yo no tengo filosofía: tengo sentidos...
Si hablo de la Naturaleza no es porque sepa lo que es,
sino porque la amo, y la amo por eso,
porque quien ama nunca sabe lo que ama,
ni sabe por qué ama, ni qué es amar...
Amar es la inocencia,
y la única inocencia es no pensar...

III

Al atardecer, asomado a la ventana,
y sabiendo de soslayo que hay campos enfrente,
leo hasta que me arden los ojos
el libro de Cesário Verde.
¡Qué pena me da! Era un campesino
que andaba preso en libertad por la ciudad.
Pero el modo como miraba las casas,
y el modo como observaba las calles,
y la manera como se interesaba por las cosas,
es la de quien baja los ojos al camino por donde va andando
y anda fijándose en las flores que hay por los campos...
Por eso tenía él aquella gran tristeza
que nunca dijo que tenía,
pero andaba por la ciudad como quien anda por el campo
y triste como aplastar flores en libros
y poner plantas en jarrones...

IV

Esta tarde ha caído la tormenta
laderas del cielo abajo
como un pedrusco enorme...
Como si alguien desde una ventana alta
sacudiese un mantel,
y las migajas, por caer todas juntas,
hicieran cierto ruido al caer,
la lluvia chilló del cielo
y ennegreció los caminos...
Cuando los relámpagos sacudían el aire
y abanicaban el espacio

como una gran cabeza que dice que no,
no sé por qué –yo no tenía miedo–
me puse a rezar a Santa Bárbara
como si fuese la tía vieja de cualquiera...
Ah, es que rezándole a Santa Bárbara
me sentía aún más cándido
de lo que creo que soy...
Me sentía familiar y casero
y habiendo pasado la vida
tranquilamente, como el muro del huerto...
Teniendo ideas y sentimientos por tenerlos
como una flor tiene perfume y color...
Me sentía alguien que puede creer en Santa Bárbara...
¡Ah, poder creer en Santa Bárbara!
Quien cree que existe Santa Bárbara,
¿pensará que es persona y es visible,
o qué pensará?
(¡Qué artificio! ¿Qué saben
las flores, los árboles, los rebaños,
de Santa Bárbara?... La rama de un árbol,
si pensare, nunca podría
construir santos ni ángeles...
Podría pensar que el sol
es Dios, y que la tormenta
        es un montón de gente
enfadada por encima de nosotros...
¡Ah, cómo hasta los más sencillos de los hombres
son enfermos y confusos y estúpidos
frente a la clara sencillez
los árboles y las plantas!)
Y yo, pensando en todo esto,
volví a sentirme menos feliz.

Me puse sombrío y enfermo y taciturno
como un día en que todo el día la tormenta amenaza
y ni siquiera con la noche llega...

V

Bastante metafísica hay en no pensar en nada.
¿Qué pienso yo del mundo?
¡Qué sé yo lo que pienso del mundo!
Si enfermara, pensaría en ello.
¿Qué idea tengo yo de las cosas?
¿Qué opinión es la mía sobre causas y efectos?
¿Qué he meditado yo sobre Dios y el alma
y sobre la creación del mundo?
No lo sé. Pensarlo es para mí cerrar los ojos
y no pensar. Es correr las cortinas
de mi ventana (pero no tiene cortinas).
¿El misterio de las cosas? ¡Qué sé yo lo que es el misterio!
El único misterio es que hay quien piense en el misterio.
Quien está al sol y cierra los ojos,
empieza a no saber lo que es el sol
y a pensar muchas cosas llenas de calor.
Pero abre los ojos y ve el sol
y ya no puede pensar en nada
porque la luz del sol vale más que los pensamientos
de todos los filósofos y de todos los poetas.
La luz del sol no sabe lo que hace
y por eso no se equivoca y es común y es buena.
¿Metafísica? ¿Qué metafísica tienen esos árboles?
La de ser verdes, la de tener copa y ramas
y la de dar fruto a su hora, lo que no nos hace pensar
que no sabemos tenerlos en cuenta.

¿Pero qué mejor metafísica que la suya,
que es la de no saber para qué viven
ni saber que no lo saben?
"Constitución íntima de las cosas" …
"Sentido íntimo del universo" …
Todo esto es falso, todo esto no quiere decir nada.
Es increíble que se pueda pensar en cosas de éstas,
Es como pensar en razones y fines
cuando empieza a rayar la mañana, y por el flanco de los árboles
un vago oro refulgente va perdiendo opacidad.
Pensar en el sentido íntimo de las cosas
es exagerado, como pensar en la salud
o llevar un vaso al agua de los manantiales.
El único sentido íntimo de las cosas
es que no tienen ningún sentido íntimo.

No creo en Dios porque nunca lo he visto.
Si él quisiera que yo creyese en él,
seguro que vendría a hablar conmigo
y entraría por mi puerta
diciéndome: ¡Aquí estoy!
(Esto tal vez suene ridículo a los oídos
de quien, por no saber qué es mirar a las cosas,
no entiende a quien habla de ellas
con el modo de hablar que el fijarse en ellas nos enseña.)
        Pero si Dios es las flores y los árboles
y los montes y el *luar* y el sol
entonces creo en él,
entonces creo en él a todas horas,
y mi vida entera es una oración y una misa,
y una comunión con los ojos y por los oídos.
Pero si Dios es las flores y los árboles

y los montes y el *luar* y el sol,
¿por qué llamarle Dios?
Le llamo flores y árboles y montes y sol y *luar;*
porque si él se hizo, para que yo lo viese,
sol y *luar* y flores y árboles y montes,
si se me aparece como árboles y montes
y *luar* y sol y flores
es porque quiere que lo conozca
como árboles y montes y flores y *luar* y sol.
Y por eso yo le obedezco
(¿qué más sé yo de Dios que Dios de sí mismo?),
le obedezco viviendo, espontáneamente,
como quien abre los ojos y ve,
y le llamo *luar* y árboles y montes,
y lo amo sin pensar en él,
y en él pienso viendo y oyendo,
y ando con él a todas horas.

VI

Pensar en Dios es desobedecer a Dios,
porque Dios quiso que no lo conociésemos,
por eso no se nos mostró...
Seamos sencillos y serenos,
como los riachuelos y los árboles,
y Dios nos amará haciéndonos
bellos como los árboles y los riachuelos,
y nos dará flores en su primavera,
y un río adonde ir cuando acabemos...

VII

Desde mi aldea veo cuanto desde la tierra se puede ver del
[universo...
Por eso mi aldea es tan grande como cualquier otra tierra,
porque yo soy del tamaño de lo que veo
y no del tamaño / de mi estatura/...
En las ciudades, la vida es más pequeña
que aquí en mi casa en lo alto de este otero.
En la ciudad, las casas grandes encierran la vista con llave,
esconden el horizonte, empujan nuestra mirada lejos de todo el
[cielo,
nos vuelven pequeños porque nos quitan todo y tampoco podemos mirar,
nos vuelven pobres porque nuestra única riqueza es ver.

VIII

Un mediodía de final de primavera
tuve un sueño como una fotografía.
Vi a Jesucristo bajar a la tierra.
Venía por la ladera de un monte
hecho niño de nuevo,
corriendo y revolcándose por la hierba
y arrancando flores para después tirarlas
y riéndose para que le oyera lejos.
Había huido del cielo.
Era demasiado nuestro como para fingirse
la segunda persona de la trinidad.
En el cielo todo es falso, todo está en desacuerdo
con flores y árboles y piedras.
En el cielo hay que estar siempre serio

y de vez en cuando volverse hombre de nuevo
y subir a la cruz y estar siempre muriendo
con una corona alrededor toda de espinos
y enclavados los pies con un clavo trabal
y hasta con un trapo rodeándole la cintura
como los negros de las ilustraciones.
Ni siquiera lo dejaban tener padre y madre
como a todos los niños.
Su padre era dos personas:
un viejo llamado José, que era carpintero,
y que no era su padre;
y el otro padre era una paloma estúpida,
la única paloma fea del mundo
porque ni era del mundo ni era paloma.
Y su madre no había amado antes de tenerlo.
No era mujer: era una maleta
en la que él había venido del cielo.
¡Y querían que él, tan solo de madre nacido
y sin un padre al que amar con respeto,
predicase la bondad y la justicia!
Un día en que Dios estaba durmiendo
y el Espíritu Santo andaba volando,
fue a la caja de los milagros y robó tres.
Con el primero hizo que nadie supiese de su vida.
Con el segundo se creó eternamente humano y niño.
Con el tercero creó un Cristo eternamente en la cruz
y lo dejó clavado en la cruz que hay en el cielo
y sirve de modelo a las demás.
Después huyó hacia el sol
y bajó por el primer rayo que atrapó.
Hoy vive conmigo en mi aldea.
Es un niño hermoso cuando ríe y natural.

Se limpia la nariz en el brazo derecho,
chapotea en los charcos,
coge las flores y le gustan y las olvida.
Le tira piedras a los burros,
roba la fruta de los árboles
y huye, llorando y gritando, de los perros.
Y, porque sabe que no le gusta
y que a todo el mundo le hace gracia,
corre tras las muchachas
que van en un grupo por los caminos
con los cántaros en la cabeza
y les levanta las faldas.
A mí me lo ha enseñado todo.
Me ha enseñado a mirar a las cosas.
Me señala todas las cosas que hay en las flores.
Me muestra lo alegres que son las piedras
cuando las tenemos en la mano
y las miramos despacio.
Me habla muy mal de Dios.
Dice que es un viejo estúpido y enfermo,
siempre escupiendo en el suelo
y diciendo indecencias.
La Virgen María se pasa las tardes de la eternidad haciendo calceta.
Y el Espíritu Santo se rasca con el pico,
se pavonea subido en las sillas y las ensucia,
En el cielo todo es estúpido, como la Iglesia Católica.
Me dice que Dios no entiende nada
de las cosas que creó
–"Si es que él las creó, que lo dudo"–.
"El dice, por ejemplo, que los seres cantan su gloria,
pero los seres no cantan nada.
Si cantasen serían cantores.

Los seres existen y nada más,
y por eso se llaman seres."
Y después, cansado de hablar mal de Dios,
el Niño Jesús se me duerme en los brazos
y en brazos lo llevo para casa.

Vive conmigo en mi casa, mediado ya el otero.
Es el Eterno Niño, es el dios que faltaba.
Es lo humano natural,
es lo divino que sonríe y juega,
Y por eso yo sé con toda certeza
que él es el Niño Jesús verdadero.
Y el niño tan humano que es divino
es esta mi cotidiana vida de poeta,
y porque él siempre va conmigo es por lo que yo soy poeta siempre,
y por lo que mi mínima mirada
me llena de sensación,
y el más pequeño sonido, sea lo que fuere,
parece hablar conmigo.
El Niño Nuevo que habita donde vivo
me da una mano a mí
y la otra a todo cuanto existe,
y así vamos los tres por los caminos
saltando y cantando y riendo
y gozando nuestro común secreto,
que es el saber en cualquier parte
que no hay misterio en el mundo
y que todo vale la pena.
El Niño Eterno me acompaña siempre.
La dirección de mi mirada es la que señala su dedo.
Mi oído atento alegremente a todos los sonidos
son las cosquillas que él me hace, jugando, en las orejas.

Nos llevamos tan bien el uno con el otro
en compañía de todo
que nunca pensamos el uno en el otro,
pero vivimos juntos siendo dos
con un acuerdo íntimo
como la mano derecha y la izquierda.
Cuando anochece jugamos a cantillos
en el escalón de la puerta de casa,
serios como conviene a un dios y a un poeta,
y como si cada piedra
fuera todo un universo
y fuera por tanto un gran peligro para ella
dejarla caer al suelo.
Después le cuento historias de las cosas sólo propias de los hombres
y sonríe, porque todo es increíble.
Se ríe de los reyes y de los que no son reyes,
y le entristece oír hablar de guerras,
de negocios y de los navíos
que se hacen humo en el aire de alta mar.
Porque sabe que todo eso carece de esa verdad
que tiene una flor cuando florece
y que con la luz del sol
va cambiando los montes y los valles
y haciendo que los muros enlucidos nos duelan en los ojos.
Después se duerme y lo acuesto.
Lo llevo en brazos hacia dentro de la casa
y lo echo en la cama, y lo desvisto lentamente,
como el que cumple un ritual muy limpio
y del todo materno, hasta quedar desnudo.
Duerme dentro de mi alma
pero a veces se despierta de noche
y juega con mis sueños.

Voltea a unos patas arriba,
pone a unos encima de los otros,
y aplaude él solo
sonriéndole a mi sueño.

Cuando me muera, hijo mío,
sea yo el niño, el más pequeño.
Cógeme en brazos
y llévame adentro de tu casa.
Desnuda mi ser cansado y humano
y acuéstame en tu cama.
Y, si despierto, cuéntame historias
para que vuelva a dormirme.
Y dame sueños tuyos para que yo juegue
hasta que nazca ese día
que tú sabes cuál es.

Esta es la historia de mi Niño Jesús.
¿Por qué razón que se sienta
no ha de ser más verdadera
que todo cuanto los filósofos piensan
y todo cuanto las religiones nos enseñan?

IX

Soy un guardador de rebaños.
El rebaño es mis pensamientos
y mis pensamientos son todos sensaciones.
Pienso con los ojos y con los oídos
y con las manos y los pies
y con la nariz y la boca.
Pensar una flor es verla y olerla

y comer un fruto es saber su sentido.
Por eso cuando en un día de calor
me siento triste por gozarlo tanto,
me tumbo a lo largo en la hierba,
y cierro los ojos calientes,
siento todo mi cuerpo tumbado en realidad,
sé la verdad y soy feliz.

X

"Hola, guardador de rebaños,
ahí, junto al camino,
¿qué te dice el viento que pasa?"
"Que es viento, y que pasa,
y que ya pasó antes,
y que pasará después.
Y a ti ¿qué te dice?"
"Mucho más que eso.
Me habla de muchas otras cosas.
De mentiras y de *saudades*
Y de cosas que nunca fueron."
"Nunca oíste pasar el viento.
El viento sólo habla del viento.
Lo que le oíste fue mentira,
y la mentira está en ti."

XI

Aquella señora tiene un piano
que es agradable de oír, pero no es el correr de los ríos,
o el murmullo que los árboles hacen…
¿Para qué es necesario tener un piano?
Lo mejor es tener oídos
y oír bien los sonidos que nacen.

XII

Los pastores de Virgilio tocaban la zampoña y otras cosas
y cantaban el amor literariamente.
(Dicen –yo nunca he leído a Virgilio.
¿Para qué habría de leerlo?)
Pero los pastores de Virgilio no son pastores: son Virgilio,
y la Naturaleza es hermosa antes que eso.

XIII

Leve, leve, muy leve,
un viento muy leve pasa,
y se va, siempre muy leve,
Y no sé lo que pienso
ni procuro saberlo.

XIV

No me interesan las rimas. Raras veces
hay dos árboles iguales, uno junto a otro.
Pienso y escribo como las flores tienen color
pero con menos perfección en mi modo de expresarme

porque me falta la sencillez divina
de ser todo sólo mi exterior.
Miro y me conmuevo.
Me conmuevo como el agua corre cuando el suelo está incli-
[nado,
y lo que escribo es natural como que se levante el viento...
RIMO cuando se tercia
y la mayoría de las veces no rimo...
Copio la Naturaleza y no la interrogo.
(¿De qué serviría interrogarla?)
No todo es terreno llano,
por eso muchas veces no rimo...

XV

Las cuatro canciones que siguen
se apartan de todo cuanto pienso,
mienten a todo lo que siento,
son lo contrario de lo que soy...
Las escribí estando enfermo
y por eso son naturales
y están conformes con lo que siento,
están conformes con lo que no están conformes...
Cuando estoy enfermo debo pensar lo contrario
de lo que pienso cuando estoy sano
(si no, no estaría enfermo),
debo sentir lo contrario de lo que siento
cuando estoy con salud,
debo mentir a mi naturaleza
de criatura que siente de una cierta manera...
Debo ser enfermo por entero: ideas y todo.
Cuando estoy enfermo, no estoy enfermo para otra cosa.

Por eso esas canciones que de mí reniegan
no son capaces de renegarme
y son el paisaje de mi alma de noche,
el mismo al contrario.

XVI

Ojalá fuera mi vida una carreta de bueyes
que viene chirriando, mañanita temprano, por el camino,
y que hacia donde vino volverá después,
casi de anochecida por el mismo camino.
No tendría que tener esperanzas –sólo tendría que tener ruedas...
Mi vejez no tendría arrugas ni cabello blanco...
Cuando ya no sirviera me quitarían las ruedas
y quedaría volcado y roto en el fondo de un barranco.
O mejor harían de mí algo diferente
y no sabría nada de lo que de mí hicieran...
Pero yo no soy un carro, soy diferente
pero en qué soy realmente diferente nunca me lo dirían.
/Después las hierbas crecerían y me cubrirían por entero...
Pasarían los árboles...y yo ya ni sería visto...
Me comería la tierra...y yo que era hierro y madera volvería a su
[lado,
iría derecho al corazón de la tierra como el alma hacia Cristo/.

XVII

En mi plato, ¡qué mezcla de Naturaleza!
Mis hermanas las plantas,
compañeras de los manantiales, santas
a quien nadie reza...
Y las cortan y las traen a nuestra mesa

y en los hoteles los clientes ruidosos,
que llegan con sus portamantas
piden "ensalada", indiferentes...
Sin pensar que exigen a la Madre Tierra
su frescor y sus hijos primeros,
las primeras verdes palabras que ella tiene,
las primeras cosas vivas e irisantes
que Noé vio
cuando las aguas bajaron y las cumbres de los montes
verdes y anegados surgieron
y en el aire donde había aparecido la paloma
el arco iris se desvanecía...

XVIII

Ojalá fuera el polvo del camino
y que los pies de los pobres me estuvieran pisando...
Ojalá fuera los ríos que corren
y que las lavanderas estuvieran en mi orilla...
Ojalá fuera los chopos en las márgenes del río
y sólo tuviera el cielo por encima y el agua por debajo...
Ojalá fuera el burro del molinero
y que él me golpeara y me quisiera...
Antes eso que ser el que va por la vida
mirando tras de sí y sintiendo pena...

XIX

Cuando el *luar* da en la hierba,
no sé qué cosas me recuerda...
Me recuerda la voz de la criada vieja
contándome cuentos de hadas

y de cómo la Virgen vestida de mendigo
andaba de noche por los caminos
socorriendo a los niños maltratados...
Si ya no puedo creer que eso sea cierto
¿para qué da el *luar* en la hierba?
Estas cuatro canciones las escribí estando enfermo.
Ahora quedan escritas y no pienso más en ellas.
Gocemos, si podemos, nuestra enfermedad,
pero nunca la creamos salud,
como los hombres hacen.
El defecto de los hombres no es el de estar enfermos:
es el de llamar salud a su enfermedad,
y por eso no buscan curarse
y realmente no saben qué es salud y qué enfermedad.

XX

El Tajo es más bello que el río que pasa por mi aldea,
pero el tajo no es más bello que el río que pasa por mi aldea
porque el Tajo no es el río que pasa por mi aldea.
El Tajo tiene grandes navíos
y por él se navega todavía,
para quienes en todo ven lo que no está,
la memoria de las naos.

El Tajo baja de España
y el Tajo entra en el mar por Portugal.
Todo el mundo lo sabe.
Pero poco saben cuál es el río de mi aldea
y a dónde va
y de dónde viene.
Y por eso, porque pertenece a menos gente

es más libre y más grande el río de mi aldea.
Por el Tajo se va al mundo.
Más allá del Tajo está América
y la fortuna de quienes la encuentran.
Nadie ha pensado nunca en lo que hay más allá
del río de mi aldea.
El río de mi aldea no hace pensar en nada.
Quien está junto a él solo está junto a él.

XXI

Si pudiera morder la tierra entera
y sentir su sabor,
y si la tierra fuera algo para morder
sería más feliz un instante...
Pero no siempre quiero ser feliz.
Hace falta ser infeliz de vez en cuando
para poder ser natural...
No todo es días de sol,
y la lluvia, cuando escasea, se pide.
Por eso tomo la infelicidad y la felicidad
con naturalidad, como quien no se extraña
de que haya montañas y llanuras
y de que haya rocas y hierba...
Lo que sí hace falta es ser natural y sereno
en la felicidad o en la infelicidad,
sentir como quien mira,
pensar como quien anda,
y cuando se va a morir, acordarse de que el día muere,
y que el poniente es hermoso y es hermosa la noche que queda...
Y que si así es, es porque es así.

XXII

Como quien un día de verano abre la puerta de casa
y atisba el calor de los campos con todo el rostro,
a veces, de repente, la Naturaleza me da de lleno
en todos mis sentidos,
y me quedo confuso, turbado, queriendo comprender
no sé bien qué ni cómo...
¿Pero quién me ha mandado a mí querer comprender?
¿Quién me ha dicho que había que comprender?
Cuando el verano pasa por mi cara
la mano leve y caliente de su brisa,
sólo tengo que sentir agrado porque es brisa
o sentir desagrado porque es caliente,
y de cualquier manera que lo sienta,
así es, porque así lo siento, que eso es sentirlo...

XXIII

Mi mirada azul como el cielo
es serena como el agua al sol.
Es así, azul y serena,
porque ni pregunta ni se asombra...
Si yo preguntara y me asombrara
no nacerían flores nuevas en los prados
ni cambiaría cualquier cosa en el sol de manera que fuera
[más hermoso...
(Incluso si naciesen flores nuevas en el prado
y el sol cambiase para ser más bello,
sentiría menos flores en el prado
y encontraría más feo el sol...
Porque todo es como es y así es como es,

y lo acepto, y no lo agradezco,
para no sentir que pienso en ello...)

XXIV

Lo que vemos de las cosas son las cosas.
¿Por qué habíamos de ver una cosa si hubiese otra?
¿Por qué ver y oír sería engañarnos
si ver y oír son ver y oír?
Lo esencial es saber ver,
saber ver sin estar pensando,
saber ver cuando se ve,
y no pensar cuando se ve
ni ver cuando se piensa.
Pero esto (¡tristes de nosotros que llevamos el alma vestida!),
esto exige un estudio profundo,
un aprendizaje de desaprender
y un rapto en la libertad de aquel convento
del que los poetas dicen que las estrellas son las monjas eternas
y las flores las penitentes convictas de un solo día,
pero donde al final las estrellas no son sino estrellas
y las flores sólo flores,
y por eso es por lo que llamamos estrellas y flores.

XXV

Las pompas de jabón que este niño
se entretiene en soltar de una brizna
son translúcidamente toda una filosofía.
Claras, inútiles y pasajeras como la Naturaleza,
amigas de los ojos como las cosas,
son lo que son

con una precisión redondita y aérea,
y nadie, ni siquiera el niño que las suelta,
pretende que sean más que lo que parecen ser.
Algunas apenas se ven en el aire lúcido.
Son como la brisa que pasa y apenas toca las flores
y que sólo sabemos que pasa
porque algo se aligera en nosotros
y lo acepta todo más nítidamente.

XXVI

A veces, en días de luz perfecta y exacta,
cuando las cosas tienen toda la realidad que pueden tener,
me pregunto a mí mismo despacio
por qué siquiera atribuyo
belleza a las cosas.
¿Una flor tiene acaso belleza?
¿Tiene belleza acaso un fruto?
No: tienen color y forma
y existencia tan sólo.
La belleza es el nombre de algo que no existe
y que doy a las cosas a cambio del agrado que me dan.
No significa nada.
Entonces ¿por qué digo de las cosas: son bellas?
Sí, incluso hasta mí, que vivo solamente de vivir,
vienen invisibles a encontrarme las mentiras de los hombres
ante las cosas,
antes las cosas que simplemente existen.
¡Qué difícil ser uno mismo y no ver sino lo visible!

XXVII

Sólo la naturaleza es divina y no es divina ...
Si a veces hablo de ella como de un ente
es porque para hablar de ella necesito usar el lenguaje de los hombres
que da personalidad a las cosas,
e impone nombre a las cosas.
Pero las cosas no tienen nombre ni personalidad:
existen, y el cielo es grande y la tierra ancha,
y nuestro corazón del tamaño de un puño cerrado...
Bendito sea yo por todo lo qué no sé.
Eso es todo lo que verdaderamente soy.
Gozo de todo ello como quien está aquí al sol.

XXVIII

Hoy he leído casi dos páginas
del libro de un poeta místico
y me he reído como quien ha llorado mucho.
Los poetas místicos son filósofos enfermos,
y los filósofos son hombres locos.
Porque los poetas místicos dicen que las flores sienten
y dicen que las piedras tienen alma
y que los ríos tienen éxtasis al *luar.*
Pero las flores, si sintiesen, no serían flores,
serían personas;
y si las piedras tuviesen alma, serían cosas vivas, no serían piedras;
y si los ríos tuviesen éxtasis al *luar,*
los ríos serían hombres enfermos.
Es necesario no saber lo que son flores y piedras y ríos
para hablar de sus sentimientos.

Hablar del alma de las piedras, de las flores, de los ríos,
es hablar de sí mismo y de sus falsos pensamientos.
Gracias a Dios que las piedras son sólo piedras,
y que los ríos no son sino ríos,
y que las flores no son más que flores.
En cuanto a mí, escribo la prosa de mis versos
y me quedo contento,
porque sé que comprendo la Naturaleza por fuera;
y no la comprendo por dentro
porque la Naturaleza no tiene adentro;
si no no sería la Naturaleza.

XXIX

No siempre soy igual en lo que digo y escribo.
Cambio, pero no cambio mucho.
El color de las flores no es el mismo bajo el sol
que cuando una nube pasa
o cuando entra la noche
y las flores son color del recuerdo.
Pero quien mira ve bien que son las mismas flores,
Por eso cuando parezco no estar de acuerdo conmigo,
fíjense bien en mí:
si estaba vuelto hacia la derecha,
me he vuelto ahora hacia la izquierda,
pero soy siempre yo, asentado sobre los mismos pies–
el mismo siempre, gracias a que hay tierra
y a mis ojos y oídos atentos
y a mi clara sencillez de alma...

XXX

Si queréis que tenga un misticismo, está bien, lo tengo.
Soy místico, pero sólo con el cuerpo.
Mi alma es sencilla y no piensa.
Mi misticismo es no querer saber.
Es vivir y no pensar en ello.
No sé qué es la Naturaleza: la canto.
Vivo en la cima de un otero
en una casa encalada y solitaria,
y ésa es mi definición.

XXXI

Si a veces digo que las flores sonríen
y si dijera que lo ríos cantan,
no es porque crea que hay sonrisas en las flores
y cantos en el correr de los ríos...
Es porque así hago que los hombres falsos sientan más
la existencia verdaderamente real de las flores y de los ríos.
Porque escribo para que ellos me lean me sacrifico a veces
a su estupidez de sentidos...
No estoy de acuerdo conmigo pero me perdono,
porque no me acepto en serio.
Porque sólo soy esa cosa odiosa, un intérprete de la Naturaleza,
porque hay hombres que no entienden su lenguaje,
porque ella no es ningún lenguaje...

XXXII

Ayer por la tarde un hombre de la ciudad
hablaba a la puerta de la fonda.

Hablaba conmigo también.
Hablaba de la justicia y de la lucha para que haya justicia
y de los obreros que sufren,
y del trabajo constante, y de los que tienen hambre,
y de los ricos que sólo tienen espaldas para eso.
Y al mirarme vio lágrimas en mis ojos
y sonrió con agrado, creyendo que sentía
el odio que él sentía, y la compasión
que él decía que sentía.
(Pero yo apenas lo escuchaba.
¿Qué me importan a mí los hombres
y lo que sufren o suponen que sufren?
Sean como yo: no sufrirán.
Todo el mal del mundo viene de preocuparnos los unos por los
[otros,
sea para hacer el bien, sea para hacer el mal.
Nuestra alma y el cielo y la tierra nos bastan.
Querer más es perderlos, y ser desgraciado.)
En lo que yo estaba pensando
mientras el amigo de los hombres hablaba
(y eso me conmovió hasta las lágrimas),
era en cómo el murmullo lejano de los cencerros
aquel atardecer
no parecía las campanas de una pequeña ermita
donde fueran a misa las flores y los riachuelos
y las almas sencillas como la mía.
(Alabado sea Dios, que no soy bueno,
y tengo el egoísmo natural de las flores
y de los ríos que siguen su camino
preocupados sin saberlo
sólo por florecer e ir corriendo.
Es ésta la única misión en el mundo,

ésta: existir claramente,
y saber hacerlo sin pensar en ello.)
Y el hombre se calló, mirando el poniente,
¿Pero qué tiene que ver con el poniente quien odia y ama?

XXXIII

Pobres de las flores en los canteros de los jardines simétricos.
Parecen tener miedo de la policía...
Pero tan ciertas que florecen del mismo modo
y tienen el mismo colorido antiguo
que tuvieron para la mirada primera del primer hombre
que las vio recién aparecidas y las rozó levemente
para verlas con los dedos...

XXXIV

Encuentro tan natural que no se piense
que a veces me pongo a reír a solas,
no sé bien de qué, pero es de algo
que tiene que ver con que haya gente que piensa...
¿Qué pensará mi muro de mi sombra?
Me pregunto a veces hasta que me sorprendo
preguntándome cosas...
Y entonces me disgusto y me molesto
como si me sorprendiese con un pie dormido...
¿Qué pensará esto de aquello?
Nada piensa nada.
¿Tendrá la tierra conciencia de las plantas y árboles que tiene?
Si la tuviese, sería gente;
y si fuese gente tendría hechura de gente no sería la tierra.
¿Pero qué me importa eso a mí?

Si yo pensase en esas cosas,
dejaría de ver la Tierra
para no ver más que mis pensamientos…
Me pondría triste y me quedaría a oscuras.
Y así, sin pensar, tengo la Tierra y el Cielo.

XXXV

El *luar* a través de las ramas altas,
dicen todos los poetas que es más
que el *luar* a través de las ramas altas.
Pero para mí, que no sé lo que pienso,
lo que el *luar* a través de las ramas altas
es, además de ser
el *luar* a través de las ramas altas,
es no ser más
que el *luar* a través de las ramas altas.

XXXVI

¡Y hay poetas que son artistas
y trabajan en sus versos
como un carpintero en las tablas!…
¡Qué triste no saber florecer!
¡Tener que poner verso sobre verso, como quien levanta un muro
y ver si está bien, y tirarlo si no lo está!…
Cuando la única casa artística es la Tierra toda
que cambia y está siempre bien y es siempre la misma.
Pienso en esto, no como quien piensa sino como quien no piensa
y miro las flores y sonrío…
No sé si ellas me comprenden
ni yo si las comprendo a ellas,

pero sé que la verdad está en ellas y en mí
y nuestra común /divinidad/
de dejarnos ir y vivir por la Tierra
en brazos de las Estaciones contentas
y dejar que el viento cante para adormecernos
y no tener sueños en nuestro sueño.
Quien tiene las flores no necesita a Dios.

XXXVII

Como un gran borrón de fuego sucio
se demora el crepúsculo en las nubes que quedan.
Viene un silbo vago de lejos en la tarde muy calma.
Debe ser de un tren lejano.
En este momento me viene una vaga *saudade*
y un vago deseo plácido
que aparece y desaparece.
También a veces, a flor de los arroyos
se forman burbujas de agua
que nacen y deshacen
y no tienen más sentido
que el ser burbujas de agua
que nacen y deshacen.

XXXVIII

Bendito sea el mismo sol de otras tierras
que hace hermanos míos a todos los hombres
porque todos los hombres, un momento en el día, lo miran como yo,
y en ese puro momento
todo limpio y sensible

regresan imperfectamente
y con un suspiro que apenas sienten
al Hombre verdadero y primitivo
que veía al Sol nacer y aún no lo adoraba.
Porque eso es natural, más natural
que adorar al sol y después a Dios
y después a todo lo demás que no existe.

XXXIX

El misterio de las cosas. ¿dónde está?
¿Dónde está que no aparece
al menos a mostrarnos que es misterio?
¿Qué sabe el río de eso y qué sabe el árbol?
Y yo, que no soy más que ellos, ¿qué sé de eso?
Siempre que miro las cosas y pienso en lo que los hombres piensan
[de ellas,
río como un riachuelo que suena fresco en una piedra.
Porque el único sentido oculto de las cosas
es que no tienen ningún sentido oculto.
Es más extraño que todas las extrañezas
y que los sueños de todos los poetas
y los pensamientos de todos los filósofos,
que las cosas sean realmente lo que parecen ser
y no haya nada que comprender.
Sí, esto es lo que mis sentidos aprendieron solos:
las cosas no tienen significación: tienen existencia.
Las cosas son el único sentido oculto de las cosas.

XL

Pasa ante mí una mariposa
y por primera vez en el universo me doy cuenta
de que las mariposas no tienen color ni movimiento,
así como las flores no tienen perfume ni color.
El color es que tienen color las alas de las mariposas,
en el movimiento de las mariposas es el movimiento el que se mueve,
el perfume es que tiene perfume el perfume de la flor.
La mariposa es sólo mariposa
y la flor sólo flor.

XLI

En el atardecer de los días de verano, a veces,
aunque no haya brisa alguna, parece
que pasa, un momento, una leve brisa...
Pero los árboles persisten inmóviles
en todas las maneras de sus hojas
y nuestros sentidos tuvieron una ilusión,
tuvieron la ilusión de lo que les agradaría...
¡Ah, nuestros sentidos, los enfermos que ven y oyen!
Si fuéramos nosotros como deberíamos ser
y no hubiera en nosotros necesidad de ilusión...
Nos bastaría sentir con claridad y vida
Sin darnos cuenta para qué hay sentidos...
Pero gracias a Dios que hay imperfección en el mundo
porque la imperfección es una cosa,
y el que haya gente que yerra es diferente
y el que haya gente enferma hace mayor el mundo,
Si no hubiera imperfección, habría una cosa menos,
y debe haber muchas cosas
para tener mucho mientras vemos y oímos...

XLII

La diligencia ha pasado por la carretera, y se ha ido;
y la carretera no ha quedado más bella, ni siquiera más grotesca.
Así es la acción humana en el mundo.
Nada quitamos y nada ponemos; pasamos y olvidamos;
y el sol es siempre puntual todos los días.

XLVI

De este modo o de aquel modo,
según se tercie o no se tercie,
pudiendo a veces decir lo que pienso,
y otras veces diciéndolo mal y entremezclado,
voy escribiendo mis versos sin querer,
como si escribir fuera una cosa que me ocurriera
como que me dé el sol.
Procuro decir lo que siento
Sin pensar en lo que siento.
Procuro arrimar las palabras a la idea
y no necesitar un pasadizo
del pensamiento a las palabras.
No siempre consigo sentir lo que sé que debo sentir.
Mi pensamiento sólo muy despacio cruza el río a nado
porque le pesa el traje que los hombres le hicieron usar.
Procuro desnudarme de lo que aprendí,
procuro olvidarme de modo de recordar que me enseñaron,
y raspar la tinta con que me pintaron los sentidos,
desencajonar mis emociones verdaderas,
desenredarme y ser yo, no Alberto Caeiro,
sino un animal humano que la Naturaleza produjo.

XLVII

En un día excesivamente nítido,
día en que daban ganas de haber trabajado mucho
para en él no trabajar nada,
entreví, como un camino por entre los árboles,
lo que tal vez sea el Gran Secreto,
Aquel Gran Misterio del que hablan los falsos poetas.
Vi que no hay Naturaleza,
que Naturaleza no existe,
que hay montes, valles, llanos,
que hay árboles, flores, hierbas,
que hay ríos y piedras,
pero que no hay un todo al que esto pertenezca,
que un conjunto real y verdadero
es una enfermedad de nuestras ideas.
La Naturaleza es partes sin un todo.
Este es tal vez el tal misterio del que hablan.
Fue esto lo que sin pensar ni detenerme,
encontré que debía ser la verdad
que todos andan buscando y no encuentran,
y que sólo yo, porque no fui a buscarla, encontré.

XLVIII

Desde la ventana más alta de mi casa
con un pañuelo blanco digo adiós
a mis versos que parten hacia la humanidad.
Y no estoy alegre ni triste.
Ese es el destino de los versos.
Los escribí y debo enseñárselos a todos
porque no puedo hacer lo contrario,

como la flor no puede ocultar el color,
ni el río ocultar que corre,
ni el árbol ocultar que da frutos.
Ved que ya van lejos, como en la diligencia
y yo sin quererlo siento pena
como un dolo en el cuerpo.
¿Quién sabe quién los leerá?
¿Quién sabe a qué manos irán?
Flor, me cogió mi destino para los ojos.
Árbol, me arrancaron los frutos para las bocas.
Río, el destino de mi agua era no quedarse en mí.
Me resigno y me siento casi alegre,
Casi tan alegre como quien se cansa de estar triste.
¡Idos, idos de mí!
Pasa el árbol y se queda disperso por la Naturaleza.
Se marchita la flor y su polvo dura siempre.
Corre el río y entra en el mar y su agua es siempre la que fue suya.
Paso y me quedo, como el Universo.

XLIX

Me meto para dentro y cierro la ventana.
Traen el quinqué y dan las buenas noches,
y mi voz contenta da las buenas noches.
Ojalá mi vida sea siempre esto:
el día lleno de sol, o suave lluvia,
o tempestuoso como si se acabase el mundo,
la tarde suave y las cuadrillas que pasan
miradas con interés desde la ventana,
la última mirada amiga al ocio de los árboles,
y después, cerrada la ventana, el quinqué encendido,
sin leer nada, ni pensar en nada, ni dormir,

sentir la vida correr por mí como un río por su lecho,
y ahí afuera un gran silencio como un dios que duerme.

(El pastor amoroso)

V

Ahora todos los días me despierto con alegría y pena.
Antiguamente me despertaba sin sensación alguna, me despertaba.
Tengo alegría y pena porque pierdo lo que sueño.
Y puedo estar en realidad donde está lo que sueño.
No sé qué he de ser solo.
Quiero que ella me diga algo para despertarme de nuevo.
Quien ama es diferente de quien es
Es la misma persona sin nadie.

VII

Tal vez quien ve bien no sirva para sentir
y no agrada por estar mucho antes de las maneras.
Es preciso tener modos para todas las cosas,
y cada cosa tiene su modo, y el amor también.
Quien tiene el modo de ver los campos por las hierbas
no debe tener la ceguera que hace hacer sentir.
Amé, y no fui amado, lo que sólo vi al final,
porque no se es amado como se nace sino como acontece.
Ella sigue tan hermosa de cabello y boca como antes,
yo sigo como antes, solo en el campo.
Como si hubiese estado con la cabeza baja,
pienso en esto, y sigo con la cabeza alta
y el áureo sol seca el deseo de lágrimas que no puedo dejar de
[tener.
¡Qué grande es el campo y el amor qué pequeño…!
Miro, y olvido, cómo se seca donde hubo agua y en los árboles
[deshoja.

Yo no sé hablar porque estoy sintiendo.
Estoy escuchando mi voz como si fuera de otra persona,
y mi voz habla de ella como si fuera ella quien hablase.
Tiene el cabello de un rubio amarillo de trigo al sol claro,
y la boca cuando habla dice cosas que no son sólo las palabras.
Sonríe, y los dientes son limpios como piedras del río.

(Poemas inconjuntos)

1

No basta abrir la ventana
para ver los campos y el río.
No es suficiente no ser ciego
para ver los árboles y las flores.
También es necesario no tener ninguna filosofía.
Con filosofía no hay árboles: sólo hay ideas.
Hay sólo cada uno de nosotros, como un sótano.
Hay sólo una ventana cerrada, y todo el mundo afuera;
y un sueño de lo que se podría ver si la ventana se abriese,
que nunca es lo que se ve cuando se abre la ventana.

4

Niño desconocido y sucio que juegas en mi puerta,
no te pregunto si me traes un recado de los símbolos.
Me haces gracia porque nunca te había visto antes,
y, naturalmente, si pudieras estar limpio serías otro niño,
no vendrías aquí.
¡Juega con el polvo, juega!
Aprecio tu presencia sólo con los ojos.
Vale más la pena ver una cosa siempre por primera vez que cono-
[cerla,
porque conocer es como no haber visto nunca por primera vez,
y no haber visto nunca por primera vez es sólo haber oído contar.
La manera de estar sucio de ese niño es diferente de la manera de
[estar sucios otros.
¡Juega! Si coges una piedra que te cabe en la mano,
sabes que te cabe en la mano.

¿Qué filosofía es la que llega a mayor certidumbre?
Ninguna, y ninguna puede venir nunca a jugar a mi puerta.

9

Ayer el predicador de sus verdades
habló otra vez conmigo.
Habló del sufrimiento de las clases que trabajan
(no del de las personas que sufren, que son al final quienes sufren).
Habló de la injusticia de que unos tengan dinero
y otros tengan hambre, que no sé si es hambre de comida
o si es sólo hambre del postre ajeno.
Habló de todo cuanto pudiese hacerlo enfadar.
¡Qué feliz debe ser quien puede pensar en la desdicha de los demás!
¡Qué estúpido si no sabe que la desdicha de los demás es de ellos,
y no se cura desde fuera
porque sufrir no es tener falta de tinta
o que el ataúd no tenga aros de hierro!
Que haya injusticia es como que haya muerte.
Yo nunca daría un paso para alterar
aquello a lo que llaman la injusticia del mundo.
Mil pasos que diera para eso
serían sólo mil pasos.
Acepto la injusticia como acepto que una piedra no sea redonda,
y que un alcornoque no haya nacido pino o roble.
He cortado la naranja en dos, y las dos mitades no pudieron
[quedar iguales.
¿Para cuál he sido injusto, yo, que voy a comerme las dos?

11

Tú, místico, ves una significación en casa cosa.
Para ti todo tiene un sentido velado.
Hay una cosa oculta en cada cosa que ves.
Lo que ves lo ves siempre para ver otra cosa.
Yo, gracias a que tengo ojos sólo para ver,
veo ausencia de significación en todas las cosas;
lo veo y me amo, porque ser una cosa es no significar nada.
Ser una cosa es no ser susceptible de interpretación.

16

La asombrosa realidad de las cosas
es mi descubrimiento de cada día.
Cada cosa es lo que es,
y es difícil explicarle a alguien cuánto me alegra esto
y cuánto me basta.
Basta existir para sentirse completo.
He escrito bastantes poemas.
He de escribir muchos más, naturalmente.
Cada poema mío dice esto,
y todos mis poemas son distintos,
porque cada cosa que hay es una manera de decirlo.
A veces me pongo a mirar una piedra.
No me pongo a pensar si siente.
No me pierdo llamándole hermana mía.
Pero me gusta por ser una piedra,
me gusta porque no siente nada,
me gusta porque no tiene parentesco alguno conmigo.
Otras veces oigo pasar el viento,
y me parece que sólo para oír pasar el viento vale la pena haber
[nacido.

No sé qué pensarían los demás cuando lean esto;
pero me parece que esto debe estar bien porque lo pienso sin es-
[fuerzo,
sin idea de que otras personas me oigan pensar;
porque lo pienso sin pensamientos,
porque lo digo como mis palabras lo dicen.
Una vez me llamaron poeta materialista,
y me extrañó, porque yo no creía
que se me pudiese llamar nada.
Yo ni siquiera soy poeta: veo.
Si lo que escribo tiene algún valor, no soy yo quien lo tiene:
el valor está allí, en sus versos.
Todo esto es absolutamente independiente de mi voluntad.

18

Si yo muriera joven,
sin poder publicar libro alguno,
sin ver la cara que tienen mis versos en letra impresa,
pido que, si quieren afligirse por mi causa,
que no se aflijan.
Si así ocurrió, así está bien.
Aunque mis versos no se impriman jamás,
tendrán su propia belleza, si son bellos.
Pero no pueden ser bellos y quedarse sin imprimir,
porque las raíces pueden estar bajo la tierra
pero las flores florecen al aire libre y a la vista.
Tiene que ser así a la fuerza. Nada puede impedirlo.
Si yo muriera joven, oíd esto:
Nunca fui sino un niño que jugaba.
Fui pagano como el sol y el agua,
de una religión universal que sólo los hombres no poseen.

Fui feliz porque no pedí nada,
ni procuré hallar nada,
ni creí que hubiera más explicación
que la de que la palabra explicación no tenga sentido alguno.
No deseé sino estar al sol o bajo la lluvia,
al sol cuando había sol
y bajo la lluvia cuando estaba lloviendo
(y nunca al contrario),
sentir calor y frío y viento,
y no ir más lejos.
Una vez amé, creí que me amarían,
pero no fui amado.
No fui amado por la única gran razón:
porque no debía serlo.
Me consolé volviendo al sol y bajo la lluvia,
y sentándome otra vez a la puerta de casa.
Los campos, al fin, no son tan verdes para los que son amados
como para los que no lo son.
Sentir es estar distraído.

19

Cuando llegue la primavera,
si ya estuviera muerto,
las flores florecerán de la misma manera
y los árboles no serán menos verdes que la primavera pasada.
La realidad no me necesita.
Siento una enorme alegría
al pensar que mi muerte no tiene ninguna importancia.
Si supiese que mañana moriría
y la primavera llegase pasado mañana,
me moriría contento, porque ella llegaría pasado mañana.

Si ése es su tiempo, ¿cuándo habría de llegar sino en su tiempo?
Me place que todo sea real y que todo esté en su sitio;
y me gusta porque sería así aunque no me gustase.
Por eso, si me muero ahora, muero contento
porque todo es real y todo está bien.
Podéis rezar en latín sobre mi féretro, si queréis.
Si queréis, podéis bailar y cantar a su alrededor.
No tengo preferencias para cuando ya no pueda tener preferencias.
Lo que sea, cuando sea, es que ha de ser lo que es.

20

Si, después de morir, quisieran escribir mi biografía,
no hay nada más sencillo.
Sólo tiene dos fechas: la de mi nacimiento y la de mi muerte.
Entre una cosa y otra, todos los días son míos.
Soy fácil de definir.
Vi como un maldito.
Amé las cosas sin ningún sentimentalismo.
Nunca tuve un deseo que no pudiese realizar, porque nunca me
[cegué.
Incluso oír no fue nunca para mí sino un complemento de ver,
Comprendí que las cosas son reales y diferentes las unas de las
[otras;
Comprendí esto con los ojos, nunca con el pensamiento.
Comprenderlo con el pensamiento sería creerlas todas iguales.
Un día me entró sueño como a cualquier niño.
Cerré los ojos y me dormí.
Aparte de esto, he sido el único poeta de la Naturaleza.

Last poem

(dictado por el poeta el día de su muerte)

Es quizás el último día de mi vida.
He saludado al sol, levantando la mano derecha,
mas no lo he saludado para decirle adiós.
He hecho la señal de que me gustaba verlo todavía: nada más.

RICARDO REIS

Acepto su corona de flores ideal, mi querido Ricardo Reis, dijo Pessoa, se lo ruego, continúe viviendo en su pueblo y siga escribiendo sus odas pindáricas, aunque sea sin mí, estoy muy contento de que me haya puesto al corriente de su secreto, pero créame, siempre lo he sabido.

ANTONIO TABUCCHI,
Los tres últimos días de Fernando Pessoa

Odas[6]

Ven a sentarte conmigo, Lidia, a la orilla del río.
Sosegadamente miremos su curso y aprendamos
que la vida pasa, y no tenemos las manos enlazadas.
(Enlacemos las manos).
Después pensemos, niños adultos, que la vida
pasa y no queda, nada deja y nunca regresa,
va hacia un mar muy distante, hacia cerca del Hado,
más lejos que los dioses.
Desenlacemos las manos, porque no vale pena cansarnos.
Gocemos, o no gocemos, pasamos como el río.
Más vale saber pasar silenciosamente
y sin grandes desasosiegos.
Sin amores, ni odios, ni pasiones que levantan la voz,
ni envidias que dan demasiado movimiento a los ojos,
ni cuidados, porque si los tuviese el río siempre correría,
y siempre iría a parar al mar.
Amémonos tranquilamente, pensando que podríamos,
si quisiésemos, cambiar besos y abrazos y caricias,
Pero que más vale estar sentados uno junto al otro
oyendo correr el río y viéndolo.

---

[6] Los poemas seleccionados para la presente antología fueron traducidos del portugués al español, teniendo en cuenta las versiones originales contenidas en: Fernando Pessoa, *Odas de Ricardo Reis* (Valencia: Pre- textos; 1998).

Cojamos flores, tómalas tú y déjalas
en el regazo, y que su perfume suavice el momento–
este momento en que sosegadamente no creemos en nada,
paganos inocentes de la decadencia.
Al menos, si entro en las sombras antes que tú,
te has de acordar de mí después
sin que mi recuerdo te arda o te hiera o te mueva,
porque nunca enlazamos las manos, ni nos besamos
ni fuimos más que niños.
Y si antes que yo llevares el óbolo al barquero sombrío,
nada tendré que sufrir al acordarme de ti.
Me serás suave a la memoria recordándote así –a la orilla del río,
pagana triste y con flores en el regazo.

No tengas nada en las manos
ni una memoria en el alma,
Que cuando te pusieren
en las manos el óbolo último,
al abrirte las manos
nada te caerá.
¿Qué trono quieren darte
que no te lo quite Átropo?
Qué laureles que no mustien
en los arbitrios de Minos?
¿Qué horas que no te tornen
de la estatura de la sombra
que serás cuando fueres
en la noche y al fin del camino?
Coge las flores mas suéltalas,
de las manos tan pronto las mires.
Siéntate al sol. Abdica
y sé rey de ti mismo.

Solo esta libertad nos conceden
                    los dioses: someternos
a su dominio por propia voluntad.
                    Más vale que así hagamos
porque solo en la ilusión de la libertad
                    la libertad existe.
Ni otro modo los dioses, sobre quienes
                    el eterno hado pesa,
usan para su calmo y poseído
                    convencimiento antiguo
de que es divina y libre su vida.
                    Nosotros, imitando a los dioses,

tan poco libres como ellos en su Olimpo,
como quien en la arena
levanta castillos para llenar los ojos,
levantemos nuestras vidas
y los dioses sabrán agradecernos
el ser tan como ellos.

Sigue tu destino,
riega tus plantas,
ama tus rosas.
El resto es la sombra
de árboles ajenos.
La realidad
siempre es más o menos
de lo que nosotros queremos.
Sólo nosotros somos siempre
iguales a nosotros mismos.
Suave es vivir solo.
Grande y noble es siempre
vivir simplemente.
Deja el dolor en las aras
como exvoto a los dioses.
Mira de lejos la vida.
Nunca la interrogues.
Ella nada puede
decirte. La respuesta
está allende los dioses.
Mas serenamente
imita el Olimpo
en tu corazón.
Los dioses son dioses
porque no se piensan.

Prefiero rosas, amor mío, a la patria,
y antes magnolias amo
que fama y virtud.
Con tal de que la vida no me canse, dejo
que la vida por mí pase
con tal de que yo quede el mismo.
¿Qué le importa al que ya nada importa
que uno pierda y otro venza,
si la aurora despunta siempre,
si cada año con la primavera
aparecen las hojas
y con el otoño cesan?
El resto, las otras cosas que los humanos
añaden a la vida,
¿qué aumentan en el alma?

Sufro, Lidia, del miedo al destino.
La leve piedra que un momento yergue
las lisas ruedas de mi carro, aterra
mi corazón.
Todo cuanto me amenace de cambio
aunque sea para mejor, lo odio y le huyo.
Déjenme los dioses mi vida siempre
sin renovar
mis días, pero que uno pase y otro pase,
quedando yo siempre casi el mismo, yendo
hacia la vejez como un día va hacia
el anochecer.
No quiero recordar ni conocerme.
Estamos de más si recordamos qué somos.
Ignorar que vivimos
llena bastante la vida.
Todo cuanto vivimos, vive la hora
en que vivimos, igualmente muerta,
cuando pasa con nosotros,
que pasamos con ella.
Si saberlo no sirve de saberlo
(¿pues sin el poder, ¿qué vale el conocimiento?),
mejor es la vida
que dura sin medirse.

Como si cada beso
fuera de despedida,
Cloe mía, besémonos, amando.
                        Quizá nos toque ya
en el hombro, la mano, que llama
la barca que no viene sino vacía;
                        y que en el mismo manojo
                        ata lo que mutuamente fuimos
y la ajena suma universal de la vida.

La flor que eres, no la que me das, deseo.
¿Por qué me niegas lo que no te pido?
¡Tan corto tiempo es la más larga vida,
y la juventud en ella!
Flores vives, vana; ¿por qué no te cumples flor?
Si te sorbe huraño el infausto abismo,
perenne velarás, absurda sombra,
lo que no dio buscando.

¡Tan pronto pasa todo cuanto pasa!
¡Muere tan joven ante los dioses todo
        cuanto muere! ¡Todo es tan poco!
Nada se sabe, todo se imagina.
Rodéate de rosas, ama, bebe
        y calla. Lo demás es nada.

Ya sobre la frente vana se me encanece
el cabello del joven que perdí.
Mis ojos brillan menos.
Ya no tiene derecho a besos mi boca.
Si aún me amas, por amor no ames:
me traicionarías conmigo.

En las altas ramas de árboles frondosos
el viento rumorea frío y alto,
en esta arboleda, en este sonido me pierdo
y solitario medito.
Así en el mundo, por encima de lo que siento,
un viento hace la vida, y la deja y la toma,
y nada tiene sentido –ni el alma
con que pienso solitario.

Si recuerdo quien fui, otro me veo,
en el pasado, presente del recuerdo.
Quien fui es alguien que amo
aunque solamente en sueños.
Y la saudade que me aflige la mente
no es de mí ni del pasado visto,
sino de quien habito
por detrás de los ojos ciegos.
Nada, sino el instante, me conoce.
Mi misma memoria es nada, y siento
que quien soy y los que fui
son sueños distintos.

Cuando, Lidia, nos llegue nuestro otoño
con el invierno que hay en él, reservemos
un pensamiento, no para la futura
primavera, que es de otros,
ni para el estío, de quien estamos muertos,
sino para lo que queda de lo que pasa–
el amarillo actual que las hojas viven
y las hace diferentes.

No sé de quién recuerdo mi pasado
qué otro fui cuando lo fui, ni me conozco
como sintiendo con mi alma aquella
alma que sintiendo recuerdo.
De un día a otro nos desamparamos.
Nada de verdadero nos une a nosotros–
somos quienes somos, y quien fuimos fue
cosa vista por dentro.

No sólo quien nos odia y nos envidia
nos limita y oprime; quien nos ama
no menos nos limita.
Que los Dioses me concedan que, desnudo
de afectos, tenga la fría libertad
de las cimas sin nada.
Quien quiere poco, tiene todo; quien quiere nada
es libre; quien no tiene, y no desea,
siendo hombre es igual a los Dioses.

Para ser grande, sé entero: nada
tuyo exagera o excluye.
Sé todo en cada cosa. Pon cuanto eres
                    en lo mínimo que hagas.
Así en cada lago la luna toda brilla,
                    porque alta vive.

Nada queda de nada. Nada somos.
Un poco al sol y al aire nos retrasamos
de la irrespirable tiniebla que nos pese
                    de la húmeda tierra impuesta,
cadáveres aplazados que procrean.
Leyes hechas, estatuas vistas, odas terminadas–
todo tiene su hueco. Si nosotros, carnes
a las que un íntimo sol da sangre, tenemos
                    poniente, ¿por qué no ellas?
Somos cuentos contando cuentos, nada.

Quiero de los dioses sólo que no me recuerden.
Seré libre– sin dicha ni desdicha,
como el viento que es la vida,
del aire que no es nada.
El odio y el amor iguales nos buscan;
ambos cada uno a su modo nos oprimen.
A quien los dioses conceden
nada, tiene libertad.

ÁLVARO DE CAMPOS

¿Por qué has venido?, preguntó Pessoa.
Porque si vas a marcharte hay algunas cosas
de las que tenemos que hablar, respondió
Álvaro de Campos, yo no sobreviviré
a tu muerte, partiré contigo, antes de
sumergirnos en la oscuridad tenemos que
hablar de algunas cosas.

ANTONIO TABUCCHI,
Los tres últimos días de Fernando Pessoa

Poemas[7]

El paso de las horas
(Oda sensacionista)

Sentirlo todo de todas las maneras,
vivirlo todo por todos los lados,
ser la misma cosa de todos los modos posibles al mismo tiempo,
realizar en mí toda la humanidad de todos los momentos
en un solo momento indefinido, profuso, complejo y lejano.
Yo quiero ser siempre aquello con lo que simpatizo,
me torno siempre, más tarde o más temprano,
aquello con lo que simpatizo, sea una piedra o un ansia,
sea una flor o una idea abstracta,
sea una muchedumbre o un modo de comprender a Dios. Y
simpatizo con todo, vivo de todo en todo.
Me son simpáticos los hombres superiores porque son superiores,
y me son simpáticos los hombres inferiores porque son superiores
también,
porque ser inferior es ser diferente de ser superior,
y por eso es una superioridad, desde ciertos puntos de vista.
Simpatizo con algunos hombres por sus cualidades de carácter,
y simpatizo con otros porque carecen de esas mismas cualida des,
[y aún simpatizo con otros por simpatizar con ellos,
y hay momentos absolutamente orgánicos en que ésos son todos
[los

[7] Los poemas incluidos en la presente antología fueron traducidos del portugués al español, teniendo en cuenta las versiones originales contenidas en: Pessoa, *Obra Poética*, vol.2 (Barcelona: Ediciones 29; 1997).

hombres.
Sí, como soy rey absoluto de mi simpatía,
basta para que exista para que tenga razón de ser.
Estrecho en mi pecho anhelante, en un abrazo conmovido,
(el mismo abrazo conmovido)
al hombre que da su camisa al pobre que desconoce,
al soldado que muere por la patria sin saber lo que es patria,
y...
y al matricida, al fratricida, al incestuoso, al violador de niños,
al ladrón de caminos, al salteador de los mares,
al rata de carteras, a la sombra que espera en las callejas–
todos son mi amante predilecta por lo menos un momento en la [vida.
Beso en la boca a todas las prostitutas,
beso en los ojos a todos los sosteneurs,
mi pasividad yace al pie de los asesinos,
y mi capa a la española esconde la retirada de todos los ladrones.
Todo es la razón de ser de mi vida.
Cometí todos los crímenes,
viví dentro de todos los crímenes
(yo mismo no fui ni el uno ni el otro en el vicio,
sino el mismo vicio persona practicado entre ellos,
y entre ésas están las horas más más arco de triunfo de mi vida).
Me multipliqué para sentirme,
para sentirme necesité sentirlo todo,
me salí de mí mismo, no hice sino extravasarme,
me desnudé, me entregué,
y hay en cada rincón de mi alma un altar a un dios diferente.
Los brazos de todos los atletas me estrecharon, súbitamente femenino,
y yo, solo de pensarlo, me desmayé entre músculos imaginados.
Fueron dados en mi boca los besos de todos los encuentros,

moviéronse en mi corazón los pañuelos de todas las despedidas,
todas las llamadas pecaminosas de gesto y de miradas
golpeánme de lleno en todo el cuerpo a partir de los centros se-
[xuales.
Fui todos los ascetas, todos los marginados, todos los
olvidados
y todos los pederastas– absolutamente todos (no faltó ninguno).
¡Rendez– vous rojo y negro en el hondo infierno de ni alma!
(Freddie, yo te llamaba Baby porque eras rubio, blanco y yo
te amaba, ¡cuántas emperatrices por reinar y princesas destrona-
[das fuiste tú
para mí!
Mary con quien leía a Burns en días tristes como sentirse vivir,
Mary, mal sabes tú cuántos matrimonios honestos, cuántas familias
felices,
vivieron en ti mis ojos y mis brazos ciñéndote, y mi conciencia in-
[cierta,
su vida pacata, sus casas suburbanas con jardín sus half holidays
inesperados...
Mary, soy infeliz...
Freddie, soy infeliz...
Oh vosotros todos, todos vosotros, causales, rezagados,
cuántas veces habréis pensado en pensar en mí, sin hacerlo,
ah, cuán poco fui en lo que sois, cuán poco, cuán poco–
sí, y lo que he sido, oh mi subjetivo universo,
oh mi sol, mi claro de luna, mis estrellas, mi momento,
oh parte externa de mí perdida en laberintos de Dios!)
Pasa todo, todas las cosas en un desfile interior,
y todas las ciudades del mundo murmuran dentro de mí...
Mi corazón tribunal, mi corazón mercado, mi corazón salón de
[Bolsa,
mi corazón mostrador de Banco,

mi corazón rendez-vous de toda la humanidad,
mi corazón banco de jardín público, hospedería, posada, calabozo
número cualquiera
("aquí estuvo el Manolo en vísperas del patíbulo"),
mi corazón club, salón, platea, esterilla, guichet, portalón,
puente, cancela, excursión, marcha, viaje, subasta, feria, romería,
mi corazón postigo,
mi corazón encargo,
mi corazón carta, equipaje, satisfacción, entrega,
mi corazón el margen, el límite, la súmula, el índice,
eh-la, eh-la, eh-la, qué bazar mi corazón.
Traigo dentro de mi corazón,
como un cofre que no se puede cerrar de puro lleno,
todos los sitios donde estuve,
todos los puertos a donde llegué,
todos los paisajes que vi a través de ventanas o portillas,
o desde toldillas, soñando,
y todo eso, que es tanto, es poco para lo que yo quiero.
La entrada de Singapur, la mañana subiendo, color verde,
el coral de las Maldivas en paso cálido,
Macao a la una de la noche...Despierto de repente...
Yat-lô-ô– ô-ô –ô ô-ô ô-ô...Ghi–...
Y aquello me suena desde el fondo de otra realidad...
la estatura norteafricana desde Zanzíbar al sol...
Dar-es– Salaam (la salida es difícil)...
Majunga, Nossi-Bé, verdores de Madagascar...
Tempestades en torno al Guadafui...
Y el Cabo de Buena Esperanza nítido al sol de la madrugada...
Y la Ciudad del Cabo con la Montaña de la Mesa al fondo...
Viajé por más paisajes que aquellos en que toqué...
Vi más paisajes que aquellos en los que puse los ojos...
Experimenté más sensaciones que todas las sensaciones que sentí,

porque, por más que sintiese, siempre me faltó qué sentir
y la vida siempre me dolió, siempre fue poco, y yo infeliz.
En ciertos momentos del día recuerdo todo esto y empavorezco,
pienso en qué es lo que me quedará de esta vida a pedazos, de este
auge,
de esta carretera de curvas, de este automóvil a orilla de la carretera,
de este aviso,
de esta turbulencia tranquila de sensaciones desencontradas,
de esta transfusión, de esta insubsistencia, de esta convergencia
[matizada,
de este desasosiego en el fondo de todas las copas,
de esta angustia en el fondo de todos los placeres,
de esta saciedad anticipada en el fondo de todas las tazas,
de este juego de cartas tediosas en el Cabo de Buena Esperanza y
Canarias.
No sé si la vida es poco o demasiado para mí.
No sé si siento de más o de menos, no sé
si me falta recato espiritual, punto de apoyo en la inteligencia,
consanguinidad con el misterio de las cosas, choque
con los contactos, sangre bajo golpes, estremecimiento a los ruidos,
o si hay para esto otra significación más grata y feliz.
Sea lo que fuere, sería mejor no haber nacido,
porque de tan interesante que es en todos los momentos,
la vida llega a doler, a marear, a cortar, a rozar, a crujir,
a dar ganas de pegar gritos, de dar botes, de quedarse en el suelo,
[de
salir
afuera de todas las cosas, de todas las lógicas y de todos los mira-
[dores,
e ir a ser salvaje a la muerte entre árboles y olvidos,
entre tumbos, y peligros y ausencias de mañanas,
y todo esto debería ser cualquier otra cosa más parecida con lo

[que yo
pienso,
con lo que yo pienso o siento, que ni sé cuál es, oh vida.

Cruzo los brazos sobre la mesa, pongo la cabeza sobre los brazos,
y necesito querer llorar, pero no sé ir a buscar las lágrimas...
Por más que me esfuerce por tener una gran pena de mí, no lloro,
tengo el alma rasgada bajo el índice curvo que le toca...
¿Qué ha de ser de mí? ¿Qué ha de ser de mí?
Echaron al bufón de palacio, a latigazos, sin razón,
hicieron al mendigo levantarse del escalón donde había caído.
Le pegaron al niño abandonado y le quitaron el pan de las manos.
Oh pesar gigantesco del mundo, lo que falta es obrar...
Tan decadente...tan decadente...tan decadente...
Sólo estoy bien cuando oigo música, y ni entonces.
Jardines del siglo dieciocho antes del 89,
¿dónde estáis, que quiero llorar de alguna manera?
Como un bálsamo que no consuelo sino por la idea de que es un
bálsamo,
la tarde de hoy y de todos los días poco a poco, monótona, cae.
Encendieron las luces, cae la noche, la vida se sustituye.
Sea de la manera que fuere, es preciso continuar viviendo.
Me arde el alma como si fuese una mano, físicamente.
Estoy en el camino de todos y tropiezan conmigo.
Quinta mía de provincias,
que haya menos que un tren, que una diligencia y la decisión de
[partir
entre tú y yo.
Así quedo, quedo...Yo soy siempre el que quiere partir,
y queda siempre, queda siempre, queda siempre,
hasta la muerte queda, aunque parta queda, queda, queda...
Tórname humano, oh noche, tórname fraterno y solícito.

Sólo humanitariamente se puede vivir,
Solo amando a los hombres, las acciones, la inutilidad del trabajo,
sólo así– ¡ay de mí! – sólo así se puede vivir.
¡Sólo así, oh, noche, y yo nunca podré ser así!
Vi todas las cosas y me maravillé de todo,
mas todo o me sobró, o quedó en poco– no sé cuál– y sufrí.
Viví todas las emociones, todos los pensamientos, todos los gestos,
y quedé tan triste como si hubiese querido vivirlos y no lo
consiguiese.
Amé y odié como todo el mundo, pero para todo el mundo eso fue
[normal e involuntario,
y para mí fue siempre la excepción, el choque, la válvula, el estre-
[mecimiento.
Ven, oh noche, y apágame, ven y ahógame en ti.
Oh amorosa del Allende, señora del luto infinito,
pesar externo de la Tierra, llanto silencioso del Mundo.
Madre suave y antigua de las emociones sin gesto,
hermana mayor, virgen y triste, de las ideas sin nexo,
novia esperando siempre nuestros propósitos incompletos,
la dirección constante y abandonada de nuestro destino,
nuestra incertidumbre pagana sin alegría,
nuestra flaqueza cristiana sin fe,
nuestro budismo inerte sin amor a las cosas sin éxtasis,
nuestra fe, nuestra palidez, nuestra impaciencia de débiles,
nuestra vida, oh madre, nuestra perdida vida...

No sé sentir, no sé ser humano, convivir
desde dentro del alma triste con los hombres mis hermanos en la
tierra.
No sé ser útil ni aun sintiendo, práctico, ser cotidiano, nítido,
tener un puesto en la vida, tener un destino entre los hombres,
tener una obra, una fuerza, una voluntad, un huerto,

una razón para descansar, una necesidad de distraerme,
una cosa venida directamente de la naturaleza para mí.

Por eso seme materna, oh noche tranquila...
tú que quitas el mundo al mundo, tú que eres la paz,
tú que no existes, tú que eres sólo la ausencia de la luz,
tú que no eres una cosa, un lugar una esencia, una vida,
Penélope, de la tela, mañana destejida, de tu oscuridad,
Circe irreal de los febriles, de los angustiados sin causa,
ven a mí, oh, noche, tiéndeme las manos,
y sé frescor y alivio, oh noche en mi frente...
Tú, cuya venida es tan suave que parece un distanciamiento,
cuyo flujo y reflujo de tiniebla, cuando la luna alienta,
tiene ondas de ternura muerta, frío de mares de ensueño,
brisas de paisajes imaginados para nuestra angustia descomunal...
Tú, pálidamente, tú, llorosa, tú, líquidamente,
aroma de muerte entre flores, aliento de fiebre en márgenes,
tú reina, tú castellana, tú, dama pálida, ven...

Clarín claro de la mañana al fondo
del semicírculo frío del horizonte,
tenue clarín como banderas inciertas
desplegada allende el lugar donde son visibles los colores...
Clarín trémulo, polvareda quieta, donde la noche cesa,
polvareda de oro quieta en el fondo de la visibilidad...
Carro que chirría límpidamente, vapor que pita,
guindaste que comienza a girar en mis oídos,
tos seca, la primera del que sale de casa,
leve escalofrío matutino en la alegría de vivir,
carcajada subida velada por la neblina exterior no sé cómo,
costurera condenada a algo peor que la mañana que está sintiendo,
obrero tísico incapacitado para la dicha de esta hora,

inevitablemente vital,
en que el relieve de las cosas es suave, cierto y amable,
en que los muros están frescos al contacto de la mano, y las casas
abren aquí y allá los ojos encortinados de blanco...
Toda la madrugada es una cortina que oscila,
y refresca las ilusiones y recuerdos en mi alma de transeúnte,
en mi corazón proscrito de epidérmico espíritu,
en mi cansado y velado Ø
Ø y camina todo
hacia la hora llena de luz en que las tiendas bajan los párpa dos
y rumor tráfico carro tren yo siento el sol atruena

Vértigo del mediodía enmarcado de vértigos–
sol en los vértices y en el Ø de mi visión estriada,
del remolino parado de mi retentiva seca,
del neblinoso claror fijo de mi consciencia de vivir.
Rumor tráfico carro tren coches yo siento sol calle,
aros cajones trolley tienda calle vitrinas falda ojos
rápidamente carriles carros cajones calle cruzar calle
acera comerciantes "perdón" calle
calle paseando por mí, paseando por la calle por mí
todo espejos las tiendas de aquí dentro de las tiendas de allá
la velocidad de los coches al revés en los espejos torcidos de los
escaparates,
el suelo en el aire el sol debajo de los pies calle riegas flores en el
[cesto
calle
mi pasado calle estremece camión calle no me acuerdo calle
yo cabeza abajo en el centro de mi conciencia de mí
calle sin poder encontrar una sensación sólo de cada vez calle
hacia atrás y hacia delante debajo de mis pies
calle en X en Y en Z por dentro de mis brazos

calle en mi monóculo en círculos de cine pequeño,
calidoscopio de curvas irisadas nítida calle.
Borrachera de la calle y de sentir ver oír todo al mismo tiempo.
Latir de las sienes por estar viniendo hacia acá al mismo tiempo [que
voy hacia allá,
doblo todos los días todas las esquinas de todas las calles,
y siempre que estoy pensando en una cosa estoy pensando en otra.
No me subordino sino por instinto
y siempre hay razones de emigrar para quien no esté encamado.
Desde las terrazas de todos los cafés de todas las ciudades
accesibles a la imaginación, observo la vida que pasa, la sigo sin [moverme,
le pertenezco sin sacar un gesto del bolsillo,
ni tomar una nota de lo que vi para después fingir que lo vi.
En el coche amarillo, la mujer definitiva de alguien pasa,
voy a su lado sin saberlo ella.
En el troittor inmediato ellos se encuentran por un azar concertado,
pero antes de que su encuentro estuviese allí ya estaba yo con
ellos.
No hay la manera de que esquiven mi encuentro, no hay modo [de que
yo no esté en todas partes.
Mi privilegio es todo
(Brevetée, Sans Garantie de Dieu, mi Alma).
Asisto a todo y definitivamente.
No hay joya de mujer que no sea comprada por mí y para mí,
no hay intención de estar esperando que no sea mía de alguna [manera,
no hay resultado de diálogo que no sea mío por azar,
no hay repique de campanas en Lisboa hace treinta años, noche [de

San Carlos hace cincuenta,
que no sea para mí por una galantería obsequiada.
Fui educado por la Imaginación,
viajé de su mano siempre,
amé, odié, hablé, pensé siempre con ella,
y todos los días tienen esa ventana por delante,
y todas las horas me parecen mías de esa manera.
Me doy de bruces cuan largo soy en toda la vida
y rujo en mí mi ferocidad de vivir…
No hay gestos de placer por el mundo que valgan
la alegría portentosa de quien no tiene otro modo de expresarla
sino revolcarse por el suelo entre hierbas y margaritas
y mezclarse con tierra hasta ensuciar el traje y el pelo…
No hay versos que puedan comunicar esto.
Arrancad un Ø de la hierba, mordedla y me entenderéis,
entenderéis lo que yo incompletamente expreso.
Tengo la furia de ser raíz
persiguiéndome las sensaciones por dentro como una savia…
Quisiera tener todos los sentidos, incluyendo la inteligencia,
la imaginación y la inhibición
a flor de piel para poder revolcarme por la tierra rugosa,
desde más adentro, sintiendo más rugosidad e irregularidades.
Yo solo estaría contento si mi cuerpo fuese mi alma…
así todos los vientos, todos los soles y todas las lluvias
serían sentidos por mí del único modo que yo querría…
No pudiendo sucederme esto, me desespero, rabio,
me dan ganas de poder arrancar a dentelladas mi traje
y luego tener pesadas garras de león para despedazarme
hasta que la sangre corra, corra, corra…
Sufro porque todo es absurdo
como si alguien me tuviese miedo,
con mi sentimiento agresivo con el destino, con Dios,

que nace de encararse con lo Inefable
y medir bien, de repente, nuestra fragilidad y pequeñez.

Todas las madrugadas son la madrugada y la vida.
Todas las auroras rayan en el mismo lugar: infinito...
Todas las alegrías de ave vienen de la misma garganta,
todos los estremecimientos de las hojas vienen del mismo árbol
y todos los que se levantan temprano para ir a trabajar
van de la misma casa a la misma fábrica por el mismo camino...
Rueda, bola grande, hormiguero de conciencias, tierra,
rueda, auroreada, entardecida, a plomo bajo soles, nocturna
rueda en el espacio abstracto, en la noche mal iluminada realmente
rueda y Ø
Siento en mi cabeza la velocidad del girar de la tierra,
y todos los países y todas las personas giran dentro de mí,
centrífuga, ansia, cólera de ir por los aires hasta los astros
golpea el interior de mi cráneo,
me pone alfileres vendados en toda la conciencia de mi cuerpo,
me hace levantarme mil veces y dirigirme hacia lo Abstracto,
a lo inencontrable, Allí, sin restricción alguna,
la Meta invisible todos los puntos en que no estoy, y al mismo tiempo

Ah, no estar parado ni andando,
no estar acostado ni de pie,
ni despierto ni durmiendo,
ni aquí ni en ningún otro lugar cualquiera,
resolver la inquietud de esta ecuación prolija,
saber dónde estar para poder estar en todas partes,
saber dónde acostarme para poder estar paseando por todas las
[calles,
saber dónde Ø
Ho-ho-ho-ho-ho-ho-ho

HO-HO-HO-HO-HO-HO-HO
HO-HO-HO-HO-HO-HO-HO
HO-HO-HO-HO-HO-HO-HO
Cabalgata alada de mí por encima de todas las cosas,
cabalgata estallada de mí por debajo de todas las cosas,
cabalgata alada y estallada de mí por causa de todas las cosas...
Hup-la, por encima de los árboles, hup-la por debajo de los aljibes,
hup-la contra las paredes, hup-la raspando los troncos,
hup-la en el aire, hup-la en el viento, hup-la en las playas,
con una velocidad creciente, insistente, violenta,
hup-la, hup-la, hup-la, hup-la...
Cabalgata panteísta de mí por dentro de las cosas,
cabalgata energética dentro de todas las energías,
cabalgata de mí dentro del carbón que se quema, de la lámpara [que
arde, de todos los consumos de energía,
cabalgata de mí/ *amperios, /⊠
cabalgata explosiva, estallada como una bomba que revienta,
cabalgata reventando en todas las direcciones, al mismo tiempo,
cabalgata por encima del espacio, salto por encima del tiempo,
retoza caballo electrón– ión–, sistema solar resumido
por dentro de la acción de los émbolos, por fuera del girar de los volantes.
Dentro de los émbolos, vuelto en velocidad abstracta y loca,
obro hecho hierro y velocidad, vaivén, locura, rabia contenida,
atado al rostro de todos los volantes giro asombrosas horas,
y todo el universo rechina, estalla y se desfigura en mí.

Ho-ho-ho-ho-ho...
Cada vez más deprisa, cada vez con el espíritu por delante del cuerpo,
por delante de la propia idea veloz del cuerpo proyectado,

con el espíritu detrás por delante del cuerpo, sombra, centella
he-la-ho-ho...helahoho...
Toda la energía es lo mismo y toda la naturaleza es lo mismo...
La savia de la savia de los árboles es la misma energía que mueve
las ruedas de la locomotora, las ruedas del tranvía, los volantes de
[los
Diesel,
y un coche tirado por gasolina es tirado por la misma
cosa.
Rabia panteísta de sentir en mí formidablemente,
con todos mis sentidos en ebullición, con todos mis poros
[humeando,
que es todo una sola velocidad, una sola energía, una sola
[divina línea
de sí para sí, parada musitando violencias de velocidad loca...
Ho-ho-ho-ho-ho-ho-ho
HO-HO-HO-HO-HO-HO-HO
HO-HO-HO-HO-HO-HO-HO
HO-HO-HO-HO-HO-HO-HO
¡Ave, salve, viva la unidad veloz de todo!
¡Ave, salve, viva la igualdad de todo en flecha!
¡Ave, salve, viva la gran máquina del universo!
¡Ave, que sois lo mismo, árboles, máquinas, leyes,
Ave, que sois lo mismo, gusanos, émbolos, ideas
abstractas,
la misma savia os colma, la misma savia os cambia,
la misma cosa sois y el resto es externo y falso,
el resto, el estático resto que permanece en los ojos que se
detienen,
mas no en mis nervios, explosión de aceites
pesados o ligeros,
no en mis nervios, todas las máquinas, todos los sistemas

de engranaje,
en mis nervios locomotiva, tranvía, automóvil, trilladora a
vapor, en mis nervios máquina marítima, Diesel, semi-
[Diesel,
Campbell,
en mis nervios instalación absoluta a vapor, a gas, a aceite,
y a la electricidad,
¡máquina universal movida por todas las poleas de todos los
momentos!
¡Tren rómpete contra el parachoques de la vía muerta!
¡Vapor navégate derecho al muelle y rájate contra él!
¡Automóvil conducido por la locura de todo el universo
precipítate
por todos los precipicios abajo
y estréllate, ¡trz!, despedázate en el fondo de mi corazón!

¡Á moi, todos los objetos proyectiles!
¡Á moi, todos los objetos direcciones!
¡Á moi, todos los objetos invisibles de puro veloces!
¡Golpeadme, atravesadme, ultrapasadme!
¡Soy yo quien me golpea, quien me atraviesa, quien me ultrapasa!
¡La furia de todos los ímpetus se cierra en círculo en mí!
Hela– hoho tren, automóvil, aeroplano mis ansias,
velocidad entra por todas las ideas adentro,
choca contra todos los sueños y rómpelos,
chamusca todos los ideales humanitarios y útiles,
atropella todos los sentimientos normales y decentes, afines,
coge en la vuelta de tu volante vertiginoso y pesado
los cuerpos de todas las filosofías, los trapos de todos los poemas,
despedázalos y queda solo tú, volante abstracto en los aires,
señor supremo de la hora europea, metálico en celo.
¡Vamos, que la cabalgata no termine ni en Dios!

¡Vamos, que, aunque yo mismo quede atrás de la cabalgata, que
[yo quede
arrastrado a la /*cola/ del tren torcido/*alcanzando mi mayor
altitud/
*pobre de mí /mi cuerpo y mi alma/*alcanzando mi mayor alti-
[tud/
desde donde anhelo utopías de adelantar el universo,
de dejar atrás a Dios como a un poste de carretera
de librar al m[8]
Me duele la imaginación no sé cómo, pero es ella la que me duele.
Mengua dentro de mí el sol en lo alto del cielo.
Tiende a comenzar el atardecer en lo azul y mis nervios.
Vamos oh cabalgata, ¿en quién más conseguirás cambiarme?
Yo que, veloz, voraz, comilón de energía abstracta,
Quería comer, beber, desollar, y arañar el mundo,
Yo, que me contentaría solamente con pisotear el universo, pues-
[to a mis pies
Pisotear, pisotear, pisotear hasta no sentir…

Yo, siento que quedó fuera de lo que imaginé todo lo que quise,
que aunque lo quisiese todo, todo me faltó,

cabalgata desmantelada por encima de todas las cimas,
Cabalgata desarticulada por debajo de todos los pozos,
Cabalgata vuelo, cabalgata saeta, cabalgata pensamiento-relám-
[pago,

Cabalgata yo, cabalgata yo, cabalgata el universo yo.
Helahoho-o-o-o-o-o-o-o…

Mi ser elástico, muelle, aguja, trepidación…

[8] Incompleto en el original.

El paso de las horas (II)

Sentir todo de todas las maneras,
Tener todas las opiniones,
Ser sincero contradiciéndose a cada momento,
Desagradarse a sí mismo por la plena libertad del espíritu,
Y amar las cosas como Dios.

Yo, que soy más hermano de un árbol que de un obrero,
Yo, que siento más el supuesto dolor del mar al golpear en la playa
Que el dolor real de los niños golpeados
(Ah, esto debe ser falso, pobres niños golpeados –
¿Y por qué mis sensaciones se encaran tan de prisa?)
Yo, en fin, que soy un diálogo continuo,
Un hablar alto incomprensible, alta noche en la torre,
Cuando campanas oscilan vagamente sin que nadie las toque
Y da pena saber que hay vida que vivir mañana.
Yo, en fin, literalmente yo
Y yo metafóricamente también,
Yo, el poeta sensacionista, enviado del Acaso
A las leyes irreprensibles de la Vida,
Yo, el fumador de cigarros por profesión adecuada,
El individuo que fuma opio, que toma ajenjo, pero que, en fin,
Prefiere pensar en fumar opio que fumarlo
Y halla más suyo mirar el ajenjo bebiéndose que beberlo...
Yo, este tarambana superior sin archivos en el alma,
Sin personalidad con valor declarado,
Yo, el investigador solemne de las cosas fútiles,
Que sería capaz de irme a vivir a Siberia sólo por dar la contra
Y que pienso que no está mal no darle importancia a la patria
Porque no tengo raíz, como un árbol, y por tanto no tengo arraigo...

Yo, que tantas veces me siento tan real como una metáfora,
Como una frase escrita por un enfermo en el libro de la mucha
[cha que encontró en la
terraza,
O una partida de ajedrez en la cubierta de un transatlántico,
Yo, el ama que empuja los perambulators en todos los jardines
[públicos,
Yo, el policía que la mira, parado en el fondo de la alameda,
Yo, el niño en carreola, que hace señas a su inocencia
Lúcida con una sonaja de cascabeles,
Yo, el paisaje por detrás de todo esto, la paz citadina
Colada a través de los árboles del jardín público,
Yo, el que los espera a todos en casa
Yo, el que ellos encuentran en la calle
Yo, lo que ellos no saben de sí mismos,
Yo, aquella cosa en que estás pensando y te marca esa sonrisa,
Yo, el contradictorio, el ficticio, el latoso, la espuma,
El cartel puesto ahora, las caderas de la francesa, el mirar del cura,
La plaza donde se encuentran las dos calles y los choferes duer-
[men contra los carros,
La cicatriz del sargento mal encarado,
El sebo en el cuello del asesor enfermo que vuelve a casa,
La taza donde el pequeño que murió bebía siempre,
Y tiene una falla en el asa (y todo esto cabe en un corazón
De madre y lo llena)...
Yo, el dictado de francés de la pequeñita que se mueve las ligas,
Yo, los pies que se tocan por debajo del bridge bajo el candela-
[bro,
Yo, la carta escondida, el calor del pañuelo, el balcón con ventana
[entreabierta,
El portón de servicio donde la criada habla con los deseos de su
[primo,

El cabrón de José que prometió venir y no vino
Y teníamos una broma que jugarle...
Yo, todo esto, y además de esto el resto del mundo...
Tantas cosas, las puertas que se abren, y la razón por que se
[abren,
Y las cosas que ya hicieron las manos que abren las puertas...
Yo, la infelicidad-nata de todas las expresiones,
La imposibilidad de expresar todos los sentimientos,
Sin que haya una losa en el cementerio para el hermano de todo
[esto,
Y lo que parece no querer decir nada siempre quiere decir algo...
Sí, yo, el ingeniero naval que soy, supersticioso como una madri-
[na rural.
Y uso monóculo para no parecer igual a la idea real que tengo de
[mí,
Que tardo a veces tres horas en vestirme y ni por eso me parece
[natural,
Pero sí me parece metafísico y si tocan a la puerta, me enojo,
No tanto por interrumpirme la corbata sino por quedar sabiendo
[que existe la vida...
Sí, en fin, yo el destinatario de las cartas lacradas,
El baúl de las iniciales roídas,
La entonación de las voces que nunca más oiremos–
Dios guarda todo eso en el Misterio, y a veces lo sentimos.
Y la vida pasa de repente y hace mucho frío más cerca que el
[cuerpo.
La Brígida, prima de mi tía,
El general del que ellas hablaban –general cuando ellas eran niñas,
Y la vida era guerra civil en todas las esquinas...
Vive le melodrame ou Margot a pleuré!
Caen hojas secas en el suelo discontinuamente,
Pero el hecho es que siempre es otoño en el otoño,

Y el invierno viene después fatalmente,
Y hay un sólo camino para la vida que es la vida...

Ese viejo insignificante, pero que conoció a los románticos,
Ese tratado político del tiempo de las revoluciones constituciona-
[les,
Y el dolor que todo eso deja, sin que se sepa la razón
Ni hay para llorarlo todo más razón que sentirlo.

Todos los amantes se besaron en mi alma,
Todos los vagos durmieron un momento encima de mí,
Todos los despreciados se recargaron un momento en mi hombro,
Atravesaron la calle, de mi brazo, todos los viejos y los enfermos,
Y hubo un secreto que me dijeron todos los asesinos.

(Aquella cuya sonrisa sugiera la paz que yo no tengo,
En cuyo parpadear hay un paisaje de Holanda,
Con las cabezas femeninas coiffeés de lin
Y todo el esfuerzo cotidiano de un pueblo pacífico y limpio...

Aquella que es el anillo dejado encima de la cómoda,
Y la cinta apretada al cerrar la gaveta,
Cinta color de rosa, no me gusta el color sino la cinta apretada
Así como no me gusta la vida, pero me gusta sentirla...

Dormir como un perro corrido, en el camino, al sol,
Definitivamente para todo el resto del Universo,
Y que los carros me pasen por encima).

Me acosté con todos los sentimientos,
Fui souteneur de todas las emociones,
Me invitaron a los tragos todos los azares de las sensaciones,

Intercambié miradas con todos los motivos del hacer,
Estuve mano a mano con todos los impulsos por partir,
¡Fiebre inmensa de las horas!
¡Angustia de la fragua de las emociones!
Rabia, espuma, la inmensidad que no cabe en mi pañuelo,
La perra que aúlla de noche,
La pileta de la casa de campo alrededor de mi insomnio,
El bosque tal como fue la tarde en que paseamos, la rosa,
La madeja indiferente, el musgo, los pinos,
La rabia de no atesorar todo esto, de no detenerlo,
¡Oh hambre abstracta de las cosas, celo impotente de los momentos,
Orgía intelectual de sentir la vida!

Obtener todo por suficiencia divina–
Las vísperas, los consentimientos, los avisos,
Las cosas bellas de la vida–
El talento, la virtud, la impunidad,
La tendencia a acompañar a los demás a su casa,
La circunstancia de pasajero,
La conveniencia de abordar ya para obtener un lugar,
Y falta siempre una cosa, un vaso, una brisa, una frase,
Y la vida duele cuanto más se goza y cuanto más se inventa.

Poder reír, reír, reír francamente,
Reír como un vaso volteado,
Absolutamente loco sólo por sentir,
Absolutamente roto por rozarme con las cosas,
Herido en la boca por morder cosas,
Con las uñas sangrando por agarrar cosas,
Y después denme la celda que quieran que yo me acordaré de la
vida.

Lisbon revisited (1923)

No: no quiero nada.
Ya dije que no quiero nada.
¡No me vengan con conclusiones!
La única conclusión es morir.
¡No me traigan estéticas!
¡No me hablen de moral!
¡Saquen de acá la metafísica!
No me propongan sistemas completos, no me enumeren conquistas
de las ciencias (de las ciencias, Dios mío, ¡de las ciencias!)–
de las ciencias, del arte, ¡de la civilización moderna!
¿Qué mal les hice yo a todos los dioses?
Si tienen la verdad, ¡guárdensela!

Soy un técnico, pero tengo técnica solo dentro de la técnica.
Fuera de eso soy loco, con todo el derecho de serlo.
Con todo el derecho de serlo, ¿oyeron?

¡No me den lata, por el amor de Dios!
¿Me querían casado, fútil, cotidiano y tributable?
¿Me querían lo contrario de esto? ¿lo contrario de cualquier
[cosa?
Si fuese otra persona, les daría, a todos, el gusto.
Así, como soy, ¡ténganme paciencia!
Váyanse al diablo sin mí,
¡o dejen que me vaya solo al diablo!
¿Para qué tenemos que ir juntos?

¡No me agarren del brazo!

No me gusta que me agarren del brazo. ¡Quiero ser solo!
¡Ya dije que soy solo!
Ah, ¡qué fastidio querer que sirva de compañía!

Oh, cielo azul –el mismo de mi infancia–
¡Eterna verdad vacía y perfecta!
Oh, suave Tajo ancestral y mudo,
¡Pequeña verdad donde se refleja el cielo!
¡Oh dolor revisitado, Lisboa de otrora de hoy!
Nada me dais, nada me quitáis, nada sois que yo me sienta.
¡Déjenme en paz! No tardo, que yo nunca tardo…
Y mientras tardan el Abismo y el Silencio ¡quiero estar solo!

Lisbon revisited
(1926)

Nada me ata a nada.
Quiero cincuenta cosas al tiempo.
Con la angustia del codicioso de carne anhelo
no sé bien qué:
definidamente lo indefinido...
Duermo inquieto, y vivo el soñar inquieto
del que duerme inquieto, a medias soñando.

Me cerraron todas las puertas abstractas y necesarias.
Corrieron las cortinas ante todas las hipótesis que habría podido
[ver en la calle.
En el callejón donde me encuentro no está el número de puerta
[que me dieron.
Desperté a la misma vida que me había entumecido.
Hasta mis ejércitos soñados sufrieron la derrota.
Hasta mis sueños se sintieron falsos al ser soñados.
Hasta la vida sólo deseada me harta –hasta esa vida...
Comprendo a intervalos inconexos,
escribo en los lapsos de cansancio
y es tedio hasta del tedio lo que me arroja a la playa.
No sé qué destino o futuro compete a mi angustia sin timón;
no sé qué islas del Sur imposible son las que me aguardan, náu
[frago,
o qué palmarés de literatura me darán un verso al menos.

No, no sé esto, ni sé otra cosa, ni sé nada de nada...
Y en el fondo de mi espíritu, donde sueño lo soñado,
en los campos más remotos del alma, donde recuerdo sin causa

(y el pasado es una bruma natural de lágrimas falsas),
en los caminos y atajos de las florestas lejanas,
donde supuse mi ser,
huyen desmantelados, últimos restos
de la ilusión final,
mis ejércitos soñados, derrotados sin haberlo sido,
mis cohortes por existir, despedazadas en Dios.

Otra vez vuelvo a verte,
ciudad de mi infancia pavorosamente perdida...
Ciudad triste y alegre, otra vez sueño aquí...
¿Yo? Pero, ¿soy yo el mismo que aquí vivió y aquí volvió,
y aquí volvió a volver y a volver,
y aquí de nuevo ahora ha vuelto a volver?
¿O todos los Yo con los que aquí estuve, o que estuvieron, somos
una serie de cuentas-entes ensartadas en un hilo-memoria,
una serie de sueños de mí por alguien que hay fuera de mí?

Otra vez vuelvo a verte,
el corazón más distante, el alma menos mía.

Otra vez vuelvo a verte –Lisboa y Tajo y todo–,
transeúnte inútil de ti y de mí,
extranjero aquí como en todas partes,
tan casual en la vida como en el alma,
fantasma errante por los salones del recuerdo
envuelto por el ruido de ratas y de maderas que crujen
en el castillo maldito de tener que vivir..

Otra vez vuelvo a verte,
sombra que pasa a través de las sombras y brilla
un instante a una tétrica luz desconocida

y se adentra en la noche cual estela de barco al perderse
en el agua que dejamos de oír…

Otra vez vuelvo a verte,
pero, ¡ay, a mí no vuelvo a verme!
Se ha roto el espejo mágico en el que volvía a verme idéntico
y en cada fragmento fatídico sólo veo un pedazo de mí
–un pedazo de ti y de mí.

Tabaquería

No soy nada.
Nunca seré nada.
No puedo querer ser nada.
Aparte de eso, tengo en mí todos los sueños del mundo.
Ventanas de mi cuarto,
De mi cuarto de uno de los millones del mundo que nadie sabe
[cuál es
(Y si supieran cuál es, ¿qué sabrían?)
Dan al misterio de una calle cruzada constantemente por gente,
A una calle inaccesible a todos los pensamientos,
Real; imposiblemente real, cierta, desconocidamente cierta,
Con el misterio de las cosas por debajo de las piedras y de los
[seres,
Con la muerte poniendo humedad en las paredes y cabellos blan
[cos en los hombres.
Con el destino conduciendo la carroza de todo por el camino de
[nada.
Estoy ahora vencido, como si supiera la verdad.
Estoy ahora lúcido, como si estuviera para morirme,
Y no tuviera más hermandad con las cosas
Sino una despedida, como si se volviera esta casa y este lado de la
[calle.
La hilera de vagones de un tren, y una partida pitada
Desde adentro de mi cabeza,
Y una sacudida de mis nervios y un crujir de huesos en la ida.
Estoy ahora perplejo como quien pensó y halló y olvidó.
Estoy ahora dividido entre la lealtad que debo
A la tabaquería del otro lado de la calle, como cosa real por fuera,
Y a la sensación de que todo es sueño, como cosa real por dentro.

Fallé en todo.
Como no hice ningún propósito, tal vez todo fuera nada.
El aprendizaje que me dieron
Lo tiré por la puerta trasera de mi casa.
Fui hasta el campo con grandes propósitos.
Pero allá encontré sólo hierbas y árboles,
Y cuando había gente era igual a la otra.
Salgo de la ventana, me siento en una silla. ¿En qué he de pensar?
¿Qué sé yo de lo que seré, yo que no sé lo que soy?
¿Ser lo que pienso? ¡Pero pienso ser tantas cosas!
¡Y hay tantos que piensan ser la misma cosa que no puede haber [tantos!
¿Genio? En este momento
Cien mil cerebros se conciben en sueños genios como yo,
Y la historia no marcará, ¿quién sabe?, ninguno,
Ni habrá sino estiércol de tantas conquistas futuras.
No, no creo en mí.
¡En todos los manicomios hay locos con tantas certezas!
Yo, que no tengo ninguna certeza, ¿soy más cierto o menos cierto?
No, ni en mí...
¿En cuántas buhardillas y no-buhardillas del mundo
No están en esta hora genios-para-sí-mismos soñando?
¿Cuántas aspiraciones altas y nobles y lúcidas–
Sí, verdaderamente altas y nobles y lúcidas–,
Y quién sabe si realizables,
Nunca verán la luz del sol real ni hallarán oídos de gente?
El mundo es para quien nace para conquistarlo
Y no para quien sueña que puede conquistarlo, aunque tenga razón.
He soñado más que lo que Napoleón hizo.
He apretado al pecho hipotético más humanidades que Cristo,
Tengo hechas filosofías en secreto que ningún Kant escribió.

Pero soy, y tal vez seré siempre, el de la buhardilla,
Aunque no viva en ella;
Seré siempre el que no nació para eso;
Seré siempre sólo el que tenía cualidades;
Seré siempre el que esperó que le abrieran la puerta al pie de una pared sin puerta,
Y cantó la canción del Infinito en un gallinero,
Y oyó la voz de Dios en un pozo tapado.
¿Creer en mí? No, ni en nada.
Derramé la naturaleza sobre mi cabeza vehemente
Su sol, su lluvia, el viento que halla el cabello,
Y el resto que venga si viniese, o tuviera que venir, o no venga.
Esclavos cardíacos de las estrellas,
Conquistamos todo el mundo antes de levantarnos de la cama;
Pero despertamos y él es opaco,
Nos levantamos y él es ajeno,
Salimos de la casa y él es la tierra entera
Más el sistema solar y la Vía Láctea y lo Indefinido.
(Come chocolates, pequeña;
¡Come chocolates!
Mira que no hay más metafísica en el mundo sino chocolates.
Mira que todas las religiones no enseñan más que la confitería.
¡Come, pequeña sucia, come!
¡Pudiera comer chocolates con la misma verdad con que tú los comes!
Pero yo pienso, y al tirar del papel de plata, que es de hojas de estaño,
Tiro todo por el suelo, como he tirado la vida.)
Pero al menos queda de la amargura de lo que nunca seré
La caligrafía rápida de estos versos,
Pórtico partido para lo Imposible.
Pero al menos consagro en mí mismo un desprecio sin lágrimas,

Noble al menos en el gesto largo con que tiro
La ropa sucia que soy, sin rol, para el decurso de las cosas,
Y quedo en casa sin camisa.
(Tú, que consuelas, que no existes y por eso consuelas,
O Diosa Griega, concebida como estatua que fuera viva,
O Patricia Romana, imposiblemente noble y funesta,
O Princesa de trovadores, gentilísima y colorida,
O Marquesa de siglo dieciocho, escotada y lejana,
O *cocotte* célebre del tiempo de nuestros padres,
O no sé qué moderno– no concibo bien qué–,
Todo eso, sea lo que fuera, que seas, si puede inspirar ¡Qué inspire!
Mi corazón es un balde vacío.
Como los que invocan espíritus invocan espíritus me invoco
A mí mismo y no encuentro nada.
Llego a la ventana y veo la calle con una nitidez absoluta.
Veo las tiendas, veo las aceras, veo los carros que pasan,
Veo los entes vivos vestidos que se cruzan,
Veo los perros que también existen,
Y todo esto me pesa como una condena al destierro,
Y todo esto es extranjero como todo.)
Viví, estudié, amé y hasta creí,
Y hoy no hay mendigo que no envidie sólo por no ser yo.
Miro a cada uno los andrajos y las llagas y la mentira,
Y pienso: tal vez nunca viviste, ni estudiaste, ni amaste, ni creíste,
(Porque es posible hacer la realidad de todo eso sin hacer nada
[de eso);
Tal vez hayas existido apenas, como una lagartija a quien le cor-
[tan la cola
Y sigue siendo cola más allá de la lagartija, agitadamente.
Hice de mí lo que no supe,
Y lo que podía hacer de mí no lo hice,

El traje que vestí estaba equivocado.
Me conocieron luego por quien no era y no lo desmentí y me
[perdí.
Cuando quise arrancar la máscara,
Estaba pegada a la cara.
Cuando la arranqué me vi al espejo,
Pero ya había envejecido,
Estaba borracho, ya no sabía vestir el traje que no me había quitado.
Dejé la máscara y dormí en el vestíbulo
Como un perro tolerado por la gerencia
Por ser inofensivo
Y voy a escribir esta historia para probar que soy sublime.
Esencia musical de mis versos inútiles,
Quién me diera encontrarte como cosa que yo hiciera,
Y no quedara siempre enfrente la tabaquería de enfrente,
Pisoteando la conciencia de estar existiendo,
Como un tapete en el que un borracho tropieza
O una alfombra que los gitanos robaron y no valía nada.
Pero el dueño de la tabaquería llegó a la puerta y se quedó allí.
Lo miró con la molestia de la cabeza mal volteada
Y con la incomodidad del alma mal entendiendo.
Él morirá y yo moriré.
Él dejará el letrero, yo dejaré versos.
En algún momento morirá el letrero y los versos también,
Después morirá la calle donde estuvo el letrero
Y la lengua en que fueron escritos los versos.
Morirá después el planeta girante en que todo esto se dio.
En otros satélites de otros sistemas cualquier cosa como gente
Continuará haciendo cosas como versos y viviendo debajo de co-
[sas como letreros,
Siempre una cosa enfrente de otra,
Siempre una cosa tan inútil como la otra,

Siempre lo imposible tan estúpido como lo real,
Siempre el misterio del fondo tan cierto como el sueño del miste
[rio de la superficie,
Siempre esto o siempre otra cosa o ni una cosa ni otra.
Pero un hombre entró en la tabaquería (¿para comprar tabaco?)
Y la realidad plausible cayó de repente encima de mí.
Me incorporo enérgico, convencido, humano,
Y voy a intentar escribir estos versos en que digo lo contrario.
Enciendo un cigarro al pensar en escribirlos
Y saboreo en el cigarro la liberación de todos los pensamientos.
Sigo el humo como una ruta propia,
Y gozo, en un momento sensitivo y competente,
La liberación de todas las especulaciones
Y la conciencia de que la metafísica es una consecuencia de estar
[resentido.
Después me echo para atrás en la silla
y continuo fumando.
En cuanto el destino me lo conceda continuaré fumando.
(Si me casara con la hija de mi lavandera
tal vez fuera feliz).
Visto esto, me levanto de la silla. Voy a la ventana.
El hombre salió de la tabaquería (¿metiendo el cambio en el bol
[sillo del pantalón?).
Ah, lo conozco; es el Esteves sin metafísica.
(El dueño de la tabaquería llegó a la puerta.)
Como por un instinto divino el Esteves se volteó y me vio.
Me dijo adiós con un gesto, le grité ¡Adiós oh Esteves! y el universo
Se me reconstruyó sin ideal ni esperanza, y el dueño de la taba-
quería sonrió.

Apostilla

¡Aprovechar el tiempo!
Pero qué es el tiempo, ¿para que yo lo aproveche?
¡Aprovechar el tiempo!
Ni un día sin línea...
El trabajo honesto y superior...
El trabajo para Virgilio, para Milton...
¡Pero es tan difícil ser honesto o ser superior!
¡Es tan poco probable ser Milton o ser Virgilio!
¡Aprovechar el tiempo!
Arrancar del alma los pedazos precisos –ni más ni menos–
Para con ellos juntar los cubos ajustados
Que hacen estampas ciertas en la historia
(Y están ciertas también del lado de abajo, que no se ve)...
Poner las sensaciones en castillo de naipes, pobre China de las [veladas,
Y los pensamientos en dominó, igual contra igual,
Y la voluntad en carambola difícil...
Imágenes de juegos o de paciencias o de pasatiempos–
Imágenes de vida, imágenes de las vidas, Imagen de la Vida.
Verbalismo...
Sí, verbalismo...
¡Aprovechar el tiempo!
No tener un minuto que desconozca el examen de conciencia.
No tener un acto indefinido ni ficticio...
No tener un movimiento incongruente con propósitos...
Buenas maneras del alma...
Elegancia de persistir...
¡Aprovechar el tiempo!
Mi corazón está cansado como un mendigo verdadero.
Mi cerebro está listo como un bulto colocado en un rincón.

Mi canto (¡verbalismo!) está tal como está y es triste.
¡Aprovechar el tiempo!
Desde que comencé a escribir pasaron cinco minutos.
¿Los aproveché o no?
Si no sé si los aproveché, ¡¿qué sabré de otros minutos?!
(Pasajera que viajas tantas veces en el mismo compartimento
[conmigo
En el tren suburbano,
¿Llegaste a interesarte en mí?
¿Aproveché el tiempo mirándote?
¿Cuál fue el ritmo de nuestro sosiego en el tren andante?
¿Cuál fue el entendimiento que no llegamos a tener?
¿Cuál fue la vida que hubo en esto? ¿Qué fue esto para la vida?)
¡Aprovechar el tiempo!
¡Ah, déjenme que no aproveche nada!
¡Ni tiempo, ni ser, ni memorias de tiempo o de ser!
Déjenme ser una hoja de árbol, sacudida por la brisa,
La polvareda de un camino, involuntario y solo,
El arroyo casual de las lluvias que se acaban,
El surco que hacen en los caminos las ruedas mientras no vienen
[otras,
El trompo del muchacho que va a detenerse,
Y oscila, con el mismo movimiento que tiene la tierra,
Y se estremece, con el mismo movimiento que tiene el alma,
Y cae, como caen los dioses, en el suelo del Destino.

Aplazamiento

Pasado mañana, sí, sólo pasado mañana...
Pasaré el día de mañana pensando en pasado mañana,
Y así será posible; pero hoy no...
No, hoy nada; hoy no puedo.
La persistencia imprecisa de mi subjetividad objetiva,
El sueño de mi vida real, intercalado,
El cansancio anticipado e infinito,
Un cansancio de mundos para tomar un tranvía...
Esta especie de alma...
Sólo pasado mañana...
Hoy quiero prepararme,
Quiero prepararme para pensar mañana en el día siguiente:
Ese es el decisivo.
Tengo ya el plano trazado; pero no, hoy no trazo planos...
Mañana es el día de los planos.
Mañana me sentaré al escritorio para conquistar el mundo
pero sólo conquistaré el mundo pasado mañana...
Tengo ganas de llorar,
Tengo muchas ganas de llorar, de repente, de dentro...
No, no quieran saber nada más, es secreto, no lo digo.
Sólo pasado mañana...
Cuando era niño el circo de domingo me divertía toda la semana.
Hoy sólo me divierte el circo de domingo de toda la semana de mi
[infancia...
Pasado mañana seré otro,
mi vida triunfará
todas mis cualidades reales de inteligente, leído y práctico
Serán convocadas por un edicto...
Pero por un edicto de mañana...
Hoy quiero dormir, redactaré mañana...

Por hoy ¿Cuál es el espectáculo que me repetiría la infancia?
Para comprar igualmente mañana los boletos
Que pasado mañana es cuando está bien el espectáculo…
Antes, no…
Pasado mañana tendré la pose pública que mañana estudiaré.
Pasado mañana seré finalmente lo que hoy no pude nunca ser.
Sólo pasado mañana…
Tengo sueño como el frío de un perro vagabundo.
Tengo mucho sueño.
Mañana te diré las palabras, o pasado mañana…
Sí, tal vez pasado mañana…
El porvenir…
Sí, el porvenir…

En la noche terrible, sustancia natural de todas las noches

En la noche de insomnio, sustancia natural de todas mis noches,
Recuerdo, velando en modorra incómoda,
Recuerdo lo que hice y lo que podía haber hecho en la vida.
Recuerdo, y una angustia
Se derrama por mí como un frío del cuerpo o un miedo.
Lo irremediable de mi pasado: ¡ése es el cadáver!
Todos los otros cadáveres quizá sean ilusiones.
Todos los muertos quizá estén vivos en otra parte
Todos mis propios momentos pasados quizá existan por ahí,
En la ilusión del espacio y del tiempo,
En la falsedad del devenir.
Pero lo que yo no fui, lo que yo no hice, lo que ni siquiera soñé;
Lo que sólo ahora veo que debería haber hecho,
Lo que sólo ahora claramente veo que debería haber sido...
Es lo que está muerto más allá de todos los Dioses,
Eso –y fue al fin lo mejor de mí– es lo que ni los Dioses hacen
[vivir...
Si a cierta altura
Hubiese doblado hacia la izquierda en lugar de hacia la derecha;
Si a cierta altura
Hubiese dicho sí en lugar de no, o no en lugar de sí;
Si en cierta conversación
Hubiese tenido las frases que sólo ahora, en el entresueño, ela-
[boro...
Si todo eso hubiese sido así,
Sería otro hoy, y tal vez el universo entero
Sería llevado insensiblemente a ser otro también.
Pero no doblé hacia el lado irreparablemente perdido,
No doblé ni pensé doblar, y sólo ahora lo percibo;
Pero no dije no o no dije sí, y sólo ahora veo lo que no dije;

Pero las frases que faltó decir en ese momento me surgen todas,
Claras, inevitables, naturales,
La conversación cerrada concluyente,
La materia toda resuelta...
Pero sólo ahora lo que nunca fue, ni será hacia atrás, me duele.
Lo que de veras fallé no tiene ninguna esperanza
En ningún sistema metafísico.
Puede ser que para otro mundo pueda llevar lo que soñé,
¿Pero podré llevar para otro mundo lo que me olvidé de soñar?
Esos sí, los sueños por tener, son el cadáver.
Lo entierro en mi corazón para siempre, para todo el tiempo, para todos los universos.
En esta noche donde no duermo, y el sosiego me cerca
Como una verdad de la que no participo,
Y allá fuera la luna, como la esperanza que no tengo, es invisible para mí.

Al volante del Chevrolet por la carretera de Sintra

Al claro de luna y al sueño, en la carretera desierta,
Solitario manejo, manejo casi despacio, y un poco
Me parece, o me esfuerzo un poco para que me parezca,
Que sigo por otra carretera, por otro sueño, por otro mundo,
Que sigo sin haber dejado Lisboa, aún sin tener Sintra
Que sigo, ¿y qué más habrá en seguir sino parar pero seguir?
Voy a pasar la noche en Sintra por no poder pasarla en Lisboa,
Pero, cuando llegue a Sintra, tendré la pena de no haberme que-
[dado en Lisboa.
Siempre esta inquietud sin propósito, sin nexo, sin consecuencia,
Siempre, siempre, siempre,
Esta angustia excesiva del espíritu por ninguna cosa,
En la carretera de Sintra, o en la carretera del sueño, o en la carre-
[tera de la vida...
Dócil a mis movimientos subconscientes del volante,
Abajo salta conmigo el automóvil que me prestaron.
Me sonrío del símbolo, de pensar en él, y al doblar a la derecha.
¡En cuántas cosas que me prestaron yo sigo en el mundo!
¡Cuántas cosas que me prestaron manejo como mías!
¡Cuánto que me prestaron, ay de mí, soy yo mismo!
A la izquierda la casucha –sí, la casucha– A la vera del camino.
A la derecha el campo abierto, con la luna a lo lejos.
El automóvil, que hace poco parecía darme libertad,
Es ahora una cosa donde estoy encerrado,
Que puedo conducirlo sólo si estoy encerrado en él,
Que domino sólo si me contengo en él, si él me incluye.
A la izquierda allá hacia atrás, la casucha modesta, más que modesta.
La vida allí debe ser feliz, sólo porque no es la mía.
Si alguien me vio desde la ventana de la casucha soñará: aquel sí
[que es feliz.

Tal vez al niño que espiaba por los vidrios de la ventana del piso
[superior,
Quedé (con el automóvil prestado) como un sueño, un hada real.
Tal vez a la muchacha que miró, oyendo el motor por la ventana de
[la cocina en la planta baja.
Soy algo del príncipe de todo corazón de muchacha,
Y ella me mira de reojo, por los vidrios hasta la curva en que me
[pierda.
Dejaré sueños atrás de mí, ¿o es el automóvil el que los deja?
Yo, conductor del automóvil prestado, o ¿el automóvil prestado
[que conduzco?
En el camino de Sintra al claro de luna, en la tristeza, ante los
[campos y la noche,
Manejando el Chevrolet prestado desconsoladamente,
Me pierdo en la carretera futura, desparezco en la distancia que
[alcanzo,
Y en un deseo terrible, súbito, violento, inconcebible,
Acelero...
Pero mi corazón quedó en el montón de piedras que esquivé al
[verlo sin verlo,
A la puerta de la casucha,
Mi corazón vacío,
Mi corazón insatisfecho, mi corazón más humano que yo, más
[exacto que la vida.
En la carretera de Sintra, cerca de la medianoche, al claro de luna,
[al volante,
En la carretera de Sintra, qué cansancio de la propia imaginación,
En la carretera de Sintra, cada vez más cerca de Sintra,
En la carretera de Sintra, cada vez menos cerca de mí...

¡Ah!, ¡la frescura en la cara de no cumplir un deber!

¡Faltar es positivamente estar en el campo!
¡Qué tranquilidad el que no se pueda confiar en nosotros!
Respiro mejor ahora que pasaron las horas de los encuentros,
Falté a todos, con una deliberación del descuido,
Me quedé esperando el ímpetu de ir, que sabía que no vendría.
Soy libre, contra la sociedad organizada y vestida.
Estoy pensando, y me sumerjo en el agua de mi imaginación
Es tarde para estar en cualquiera de los dos puntos donde estaría a la misma hora
Deliberadamente a la misma hora...
Está bien, me quedaré aquí soñando y sonriendo en cursivas.
¡Es tan graciosa esta parte espectadora de la vida!
Hasta no consigo encender el siguiente cigarro... si es un gesto,
Quede con los otros, que me esperan en el desencuentro que es la vida.

Aniversario

En el tiempo en que festejaban el día de mi cumpleaños,
yo era feliz y nadie había muerto.
En la casa antigua, incluso mi cumpleaños era una tradición de
[siglos,
y la alegría de todos, y la mía, estaba asegurada con una religión
[cualquiera.
En el tiempo en que festejaban el día de mi cumpleaños,
tenía yo la gran salud de no razonar cosa alguna,
de ser inteligente en medio de la familia,
y de no tener las esperanzas que los demás tenían por mí.
Cuando llegué a tener esperanzas ya no supe tener esperanzas.
Cuando llegué a mirar la vida, perdí el sentido de la vida.
Sí, lo que supuse que fui para mí,
lo que fui de corazón y parentesco,
lo que fui de atardeceres de media provincia,
lo que fui de que me amaran y ser yo el niño.
Lo que fui –¡Ay, Dios mío! –, lo que sólo hoy sé que fui...
¡Cuán lejos!...
(Ni lo encuentro...)
¡El tiempo en que festejaban el día de mi cumpleaños!
Lo que hoy soy es como la humedad en el corredor al final de la
[casa,
que mancha las paredes...
lo que hoy soy (y la casa de quienes me amaron tiembla a través de
[mis lágrimas),
lo que soy hoy es que hayan vendido la casa.
Es que hayan muerto todos,
es que haya sobrevivido yo a mí mismo como un fósforo frío...
En el tiempo en que festejaban el día de mi cumpleaños...
¡Qué amor mío, como una persona, ese tiempo!

Deseo físico del alma de encontrarse allí otra vez,
por un viaje metafísico y carnal,
con una dualidad de mí para mí...
¡Comer el pasado como a pan con hambre, sin tiempo para man-
[tequilla en los dientes!
Veo todo de nuevo con una nitidez que me ciega para cuanto hay
[aquí...
La mesa dispuesta con más lugares, con mejores dibujos en la loza,
[con más copas,
el aparador con muchas cosas –dulces, frutas, el resto en la sombra
[bajo lo elevado–,
las tías viejas, los primos diferentes, y todo por causa mía,
en el tiempo en que festejaban el día de mi cumpleaños...
¡Detente, corazón mío!
¡No pienses! ¡Deja al pensar en la cabeza!
¡Oh Dios mío, mi Dios, Dios mío!
Ya hoy no cumplo años.
Perduro.
Se me suman días.
Seré viejo cuando lo sea.
Y nada más.
¡Rabia de no haberme traído el pasado robado en la mochila!...
¡El tiempo en que festejaban el día de mi cumpleaños!

Grandes son los desiertos, y todo es desierto

No son algunas toneladas de piedras o ladrillos a lo alto
Que disfrazan el suelo, el tal suelo que es todo.
Grandes son los desiertos y las almas desiertas y grandes
Desiertas porque no pasa por ellas sino ellas mismas,
Grandes porque de allí se ve todo, y todo murió.
¡Grandes son los desiertos, alma mía!
Grandes son los desiertos.
No saqué boleto para la vida,
Yerré a la puerta del sentimiento,
No hubo ganas u ocasión que yo no perdiera.
Hoy no me resta, en vísperas de viaje,
Con la maleta abierta esperando el acomode postergado,
Sentado en la silla en compañía con las camisas que no caben,
Hoy no me resta (aparte de lo incómodo de estar así sentado)
Sino saber esto:
Grandes son los desiertos, y todo es desierto.
Grande es la vida, y no vale la pena que haya vida.
Acomodo mejor la maleta con ojos de pensar en acomodar
Que con el acomodamiento de las manos ficticias (y creo que lo
[digo bien)
Enciendo el cigarrillo para postergar el viaje,
Para postergar todos los viajes.
Para postergar al universo entero.
¡Vuelve mañana, realidad!
¡Basta por hoy, gentes!
¡Espérate, presente absoluto!
Más vale no ser que ser así.
Compren chocolates a la criatura a la cual sucedí por error,
Y saquen el letrero porque mañana es infinito.
Pero tengo que acomodar la maleta,

Tengo por fuerza, que acomodar la maleta,
La maleta.
No puedo llevar las camisas en la hipótesis y la maleta en la razón.
Sí, toda la vida he tenido que acomodar la maleta.
Pero también, toda la vida, he quedado sentado sobre el canto de
[las camisas apiladas,
Rumiando, como un buey que no llegó a Apis, el destino.
Tengo que acomodar la maleta de ser.
Tengo que existir acomodando maletas.
La ceniza del cigarrillo cae sobre la camisa de la cima de la pila.
Miro para el lado, verifico que estoy durmiendo.
Sé sólo que tengo que acomodar la maleta,
Y que los desiertos son grandes y todo es desierto,
Y cualquier fábula al respecto de esto, pero de esa es que ya me
[olvidé.
Yérgome de repente todos los Césares.
Voy definitivamente a acomodar la maleta.
Arre, he de acomodarla y cerrarla;
He de verla llevar de aquí,
He de existir independientemente de ella.
Grandes son los desiertos y todo es desierto,
Salvo error, naturalmente.
¡Pobre del alma humana con oasis sólo en el desierto al lado!
Más vale acomodar la maleta.
Fin.

Dactilografía

Trazo, solo, en mi cubículo de ingeniero, el plano,
Firmo el proyecto, aislado aquí,
Remoto hasta de quien soy yo.
Al lado, acompañamiento banalmente siniestro,
El tic-tac estallante de las máquinas de escribir.
¡Qué nausea de vida!
¡Qué abyección esta regularidad!
¡Qué sueño este ser así!
Otrora, cuando fui otro, eran castillos y caballeros
(Ilustraciones, tal vez, de cualquier libro de la infancia),
Otrora, cuando fui verdadero a mi sueño,
Eran grandes paisajes del Norte, explícitos de nieve,
Eran grandes palmares del Sur, opulentos de verdes.
Otrora.
Al lado, acompañamiento banalmente siniestro,
El tic-tac estallante de las máquinas de escribir.
Todos tenemos dos vidas:
La verdadera, que es la que soñamos en la infancia,
Y que continuamos soñando, adultos, en un substrato de niebla;
La falsa, que es la que vivimos en convivencia con otros,
Que es la práctica, la útil,
Aquella en la que acaban por meternos en un cajón.
En la otra no hay cajones ni muertes,
Sólo hay ilustraciones de la infancia:
Grandes libros coloridos, para ver y no leer;
Grandes páginas de colores para recordar más tarde.
En la otra somos nosotros,
En la otra vivimos;
En esta morimos, que es lo que vivir quiere decir;
En este momento, por la náusea, vivo en la otra…

Pero al lado, acompañamiento banalmente siniestro,
Alza la voz el tic-tac estallante de las máquinas de escribir.

Insomnio

No duermo, ni espero dormir.
Ni en la muerte espero dormir.
Me espera un insomnio de la dimensión de los astros,
Y un inútil bostezo de la longitud del mundo.
No duermo; no puedo leer cuando me despierto por la noche,
No puedo escribir cuando me despierto por la noche,
No puedo pensar cuando me despierto por la noche –
¡Dios mío, ni siquiera puedo soñar cuando me despierto por la
[noche!
¡Ah, el opio de ser cualquier otra persona!
No duermo, yazgo, cadáver despierto, sintiendo,
Y mi sentimiento es un pensamiento vacío.
Pasan por mí, revueltas, cosas que me sucedieron
– Todas aquellas cosas de las que me arrepiento y me culpo;
Pasan por mí, revueltas, cosas que no me sucedieron
– Todas aquellas cosas de las que me arrepiento y me culpo;
Pasan por mí, estremecidas, cosas que no son nada,
Y hasta de esas cosas me arrepiento, me culpo, y no duermo.
No tengo fuerzas para tener energía para encender un cigarrillo.
Miro la pared de enfrente de la habitación como si fuera el universo.
Fuera hay el silencio de toda esa cosa.
Un gran silencio desconcertante en cualquier otro momento,
En cualquier otro momento en que yo lo pudiera sentir.
Estoy escribiendo versos realmente simpáticos –
Versos para decir que no tengo nada que decir,
Versos para insistir en decir eso,
Versos, versos, versos, versos, versos…
Tantos versos…
¡Y toda la verdad, y toda la vida fuera de ellos y de mí!
Tengo sueño, no duermo, siento y no sé en qué sentir.

Soy una sensación sin la persona correspondiente,
Una abstracción de autoconciencia sin de qué,
Salvo el necesario para sentir conciencia,
Salvo – sé allá salvo el qué…
No duermo. No duermo. No duermo.
¡Qué gran sueño en la cabeza y sobre los ojos y en el alma!
¡Qué gran sueño en todo excepto en poder dormir!
Oh madrugada, tardas tanto… Ven…
Ven, inútilmente,
A traerme otro día como éste, para ser seguido por otra noche
[como ésta…
Ven a traerme la alegría de esa esperanza triste,
Porque siempre eres alegre, y siempre traes esperanza,
Según la vieja literatura de las sensaciones.
Ven, trae la esperanza, ven, trae la esperanza.
Mi cansancio entra por el interior del colchón.
Me duele la espalda de no estar acostado de lado.
Si estuviera acostado de lado me dolería la espalda de estar acos-
[tado de lado.
¡Ven, madrugada, llega!
¿Qué hora es? No sé.
No tengo energía para extender una mano hasta el reloj,
No tengo energía para nada, para nada más…
Que para estos versos, escritos el día siguiente.
Sí, escritos el día siguiente.
Todos los versos se escriben siempre al día siguiente.
Noche absoluta, sosiego absoluto, allá fuera.
Paz en toda la Naturaleza.
La Humanidad reposa y olvida sus penas.
Exactamente.
La Humanidad olvida sus alegrías y sus penas.
Suele decirse esto.

La Humanidad olvida, sí, la Humanidad olvida,
Incluso despierta la Humanidad olvida.
Exactamente. Pero no duermo.

Todas las cartas de amor son

ridículas.
No serían cartas de amor si no fuesen
ridículas.
También escribí en mi tiempo cartas de amor,
como las demás,
ridículas.
Las cartas de amor, si hay amor,
tienen que ser
ridículas.
Pero, al fin y al cabo,
sólo las criaturas que nunca escribieron cartas de amor
sí que son ridículas.
Quién me diera en el tiempo en que escribía
sin darme cuenta
cartas de amor
ridículas.
La verdad es que hoy mis recuerdos
de esas cartas de amor
sí que son
ridículos.
Todas las palabras esdrújulas,
como los sentimientos esdrújulos,
son naturalmente
ridículas.

Esta vieja angustia

Esta vieja angustia,
esta angustia que traigo hace siglos en mí,
rebasó la vasija, en lágrimas, en grandes quimeras,
en sueños al estilo de pesadilla sin terror,
en grandes emociones súbitas sin sentido alguno.
Rebasó.
¡Mal sé cómo conducirme por la vida
con este malestar haciéndome dobleces en el alma!
¡Si al menos enloqueciese de veras!
Pero no: es este estar entre,
este casi,
este poder ser que
esto.
Un interno en un manicomio es, al menos, alguien,
yo soy un interno en un manicomio sin manicomio.
Estoy loco en frío,
estoy lúcido y loco,
estoy ajeno a todo e igual a todos:
estoy durmiendo despierto con sueños que son locura
porque no son sueños.
Estoy así...
¡Pobre vieja casa de mi infancia perdida!
¡Quién te diría que yo me repeliese tanto!
¿Qué es de tu niño? Está loco.
¿Qué es de quien dormía tranquilo bajo tu techo provinciano?
Está loco.
¿Quién de quien fui? Está loco. Hoy es quien yo soy.
¡Si al menos tuviese una religión cualquiera!
Por ejemplo, por aquel fetiche
que había en casa, allá en aquélla, traído de África.

Era feísimo, era grotesco,
pero había en él la divinidad de todo en lo que se cree.
Si yo pudiese creer en un fetiche cualquiera –
Júpiter, Jehová, la Humanidad –
cualquiera serviría,
¿pues qué es todo sino lo que pensamos de todo?
¡Estalla, corazón de cristal pintado!

El tumulto concentrado de mi imaginación intelectual...

Hacer hijos a la razón práctica, como los creyentes enérgicos...
Mi juventud perpetua
De vivir las cosas por el lado de las sensaciones y no de las respon-
[sabilidades,
De (...)
(Álvaro de Campos, nacido en Algarve, educado por un tío abuelo, sacerdote, que le inculcó un cierto amor a las cosas clásicas...)
(Vino a Lisboa muy joven...)
La capacidad de pensar lo que siento, que me diferencia del hom-
[bre vulgar
Más de lo que él se distingue del mono.
(Sí, mañana el hombre vulgar tal vez me lea y comprenda la sus-
[tancia de mi ser,
Sí, lo admito,
Pero el mono ya hoy sabe leer al hombre vulgar y le comprende la
[sustancia del ser).
¿Si alguna cosa fue por qué es que no es?
¿Ser no es ser?
¿Las flores del campo de mi infancia, no las tendré eternamente,
En otra manera de ser?
¿Perderé para siempre los afectos que tuve, y hasta los afectos que
[pensé tener?
¿Hay alguien que tenga la llave de la puerta del ser, que no tiene
[puerta,
Y me pueda abrir con razones la inteligencia del mundo?

¡Vaya, hasta que por fin… perfectamente…

Aquí está ella!
Tengo la locura exactamente en la cabeza.
Mi corazón estalló como una bomba de a real,
Y mi cabeza tuvo un sobresalto que subió por el espinazo…
¡Gracias a Dios que estoy loco!
¡Que todo cuanto di se me volvió inmundicia,
Y, como escupitajo tirado al viento,
Se esparció libremente por mi cara!
¡Que todo cuanto fui se me enredó en los pies,
Como la arpillera para encostalar ninguna cosa!
¡Que todo cuanto pensé me hace cosquillas en la garganta
Y quiere hacerme vomitar sin haber comido nada!
Gracias a Dios, porque, como en la borrachera,
Esto es una solución.
¡Vaya, encontré una solución, y fue necesario el estómago!
¡Encontré una verdad, la sentí con los intestinos!
Poesía trascendental, ¡ya la hice también!
Grandes raptos líricos, ¡también ya por acá pasaron!
La organización de poemas relativos a la vastedad de cada asunto [resuelto en varios–
Tampoco es novedad.
Tengo ganas de vomitar, y de vomitarme…
Tengo una náusea que, si pudiera comerme el universo para va- [ciarlo en la pila, lo comería.
Con esfuerzo, pero sería para un buen fin.
Al menos para un fin.
Y así como soy no tengo ni fin ni vida.

Poema en línea recta

Nunca conocí a quien le hubieran dado una paliza
Todos mis conocidos han sido campeones en todo.
Y yo, tantas veces bajo, tantas veces puerco, tantas veces vil,
Yo tantas veces incuestionablemente parásito,
Indisculpablemente sucio,
Yo, que tantas veces no he tenido paciencia para darme un baño,
Yo, que tantas veces he sido ridículo, absurdo,
Que he enrollado los pies públicamente en los tapetes de las etiquetas,
Que he sido grotesco, mezquino, obediente y arrogante,
Que he sufrido injurias y he callado,
Que cuando no he callado, he sido más ridículo aún;
Yo, que he sido gracioso con las criadas de hotel,
Yo, que he sentido el guiñar de ojos de los mandaderos,
Yo, que he cometido vergüenzas financieras, pedido prestado sin [pagar,
Yo, que, cuando la hora del golpe surgió, me he agachado
Fuera de la posibilidad del golpe;
Yo, que he sufrido la angustia de las pequeñas cosas ridículas,
Yo, declaro que no tengo par en todo esto en este mundo.
Toda la gente que conozco y que habla conmigo
Nunca tuvo un acto ridículo, nunca sufrió una injuria,
Nunca fue sino príncipe –todos ellos príncipes– en la vida...
¡Quién me diera oír de alguien la voz humana
Que confesara, no un pecado, sino una infamia;
Que contara, no una violencia, sino una cobardía!
No, son todos el Ideal, si los oigo y me hablan.
¿Quién hay en este largo mundo que me confiese que alguna vez [fue vil?

¡Oh, príncipes, mis hermanos,
Maldita sea, estoy harto de semidioses!

¿Dónde es que hay gente en el mundo?
¿Entonces sólo soy yo el que es vil y equivocado en esta tierra?
Podrán no haberlos amado las mujeres,
Podrán haber sido traicionados –¡pero ridículos nunca!
Y yo, que he sido ridículo, sin haber sido traicionado,
¿Cómo puedo hablar con mis superiores sin titubear?
Yo, que he sido vil, literalmente vil,
Vil en el sentido mezquino e infame de la vileza.

Víspera de viaje, timbre...

¡No me sobreavisen con demasiada estridencia!
Quiero disfrutar del reposo de la estación del alma que tengo
antes de ver avanzar hacia mí la llegada de hierro
del tren decisivo,
antes de sentir la partida verdadera en la boca del estómago,
antes de poner en el estribo un pie
que nunca aprendió a no emocionarse siempre que tuvo que partir.
Quiero, en este momento, fumando en el apeadero de hoy,
seguir todavía un poco agarrado a la antigua vida.
¿Vida inútil, que sería mejor dejar, que es una celda?
¿Qué importa?
Todo el Universo es una celda, y estar preso no tiene nada que ver
[con el tamaño de la celda.
Me sabe a náusea próxima el pitillo. El tren ya partió de la otra
[estación...
Adiós, adiós, adiós, a todos los que no vinieron a despedirse de mí,
mi familia abstracta e imposible...
¡Adiós día de hoy, adiós apeadero de hoy, adiós vida, adiós vida!
Quedarme como un bulto con etiqueta olvidado,
en un rincón del resguardo de pasajeros del otro lado de la vía.
Ser encontrado por el vigía casual después de la partida
"¿Y ésta? ¿Se la habrá dejado un tipo aquí?"
Quedarse pensando sólo en partir,
quedarse y tener razón,
quedarse y morir menos...
Voy hacia el futuro como hacia un examen difícil.
¿Y si el tren nunca llegara y Dios se apiadara de mí?
Ya me veo en la estación hasta aquí simple metáfora.
Soy una persona perfectamente presentable.
Se nota –dicen– que he vivido en el extranjero.

Mis modales son de hombre educado, evidentemente.
Tomo la maleta, rechazando al mozo, como a un vicio vil.
Y la mano con que tomo la maleta me tiembla y la hace temblar.
¡Partir!
Nunca volveré,
nunca volveré porque nunca se vuelve.
El lugar al que se vuelve siempre es otro,
la estación a la que se vuelve es otra.
Ya no está la misma gente, ni la misma luz, ni la misma filosofía.
¡Partir! ¡Dios mío, partir! ¡Me da miedo partir!...

BERNARDO SOARES

¿Quién es usted?, preguntó Pessoa.
Soy su amigo Bernardo Soares, respondió el hombre, he sabido que estaba en el hospital y me he tomado la libertad de venir a visitarlo.

ANTONIO TABUCCHI,
Los tres últimos días de Fernando Pessoa

Libro del desasosiego[9]

(FRAGMENTOS)

(7)

El patrón Vasques.

Siento, muchas veces, inexplicablemente, la hipnosis del patrón Vasques. ¿Qué es para mí ese hombre, salvo el obstáculo ocasional de ser el dueño de mis horas, durante un tiempo diurno de mi vida? Me trata bien, me habla con gentileza, salvo en los momentos bruscos de preocupación desconocida en que no habla bien a nadie. Sí, ¿pero por qué me preocupa? ¿Es un símbolo? ¿Es una razón? ¿Qué es? El patrón Vasques. Me acuerdo ya de él en el futuro con la nostalgia que sé que he de sentir entonces. Estaré tranquilo en una casa pequeña de los alrededores de algo, gozando de un sosiego en el que no haré la obra que no hago ahora, y buscaré, para continuar el no haberla hecho, disculpas diferentes de aquella en que hoy me esquivo a mí mismo. O estaré internado en un hospicio de mendigos, feliz por la derrota completa, mezclado con la ralea de los que se creyeron genios y no fueron más que mendigos con sueños, junto con la masa anónima de los que no tuvieron poder para triunfar ni renuncia magnánima para triunfar al revés.

Esté donde esté, recordaré con nostalgia al patrón Vasques, a la oficina de la Calle de los Doradores, y la monotonía

[9] Los fragmentos incluidos en la presente antología fueron traducidos del portugués al español, teniendo en cuenta las versiones originales contenidas en: Fernando Pessoa, *Livro do desassossego*, 4 ª ed. (Lisboa: Assirio & Alvim; 2003).

de la vida cotidiana será para mí como el recuerdo de los amores que no tuve, o de los triunfos que no habrían de ser míos. El patrón Vasques. Veo hoy desde allí, como le veo hoy desde aquí mismo estatura media, regordete, ordinario con límites y afectos, franco y sagaz, brusco y afable, jefe, aparte su dinero, en las manos peludas y lentas, con las venas marcadas como pequeños músculos pintados, el pescuezo lleno pero no gordo, los carrillos colorados y al mismo tiempo tersos, bajo la barba oscura siempre afeitada a tiempo.

Le veo, veo sus ojos de vagar potente, los ojos que piensan para dentro cosas de fuera, recibo la perturbación de su ocasión en que no le agrado, y mi alma se alegra con su sonrisa, una sonrisa ancha y humana, como el aplauso de una multitud. Será, tal vez, porque no hay cerca de mí una figura más importante que el patrón Vasques por lo que, muchas veces, esa figura pedestre y hasta ordinaria se me enreda en la inteligencia y me distrae de mí mismo. Creo que hay un símbolo. Creo o casi creo que en alguna parte, en una vida remota, este hombre fue en mi vida algo más importante que lo que es hoy.

(8)

¡Ah, comprendo! El patrón Vasques es la Vida. La Vida, monótona y necesaria, dirigente y desconocida. Este hombre trivial representa la trivialidad de la Vida. Él lo es todo para mí, por fuera, porque la Vida lo es todo para mí por fuera. Y, si la oficina de la Calle de los Doradores representa para mí la Vida, este segundo piso mío, donde vivo, en la misma Calle de los Doradores, representa para mí el Arte. Sí, el Arte, que vive en la misma calle que la Vida, aunque en un sitio diferente, el Arte que alivia de la Vida sin aliviar de vivir, que es tan monótono como la misma Vida, pero sólo en un sitio diferente. Sí, esta Calle de los Doradores vislumbra para mí todo el sentido de las cosas, la solución de todos los enigmas, salvo el de que existan los enigmas, que es lo que no puede tener solución.

(12)

Me gusta decir. Diré mejor: me gusta palabrear.

Las palabras son para mí cuerpos palpables, sirenas visibles, sensualidades incorporadas. Tal vez porque la sensualidad real no tiene para mí interés de ninguna especie ni siquiera material o de ensueño, se me ha transfigurado el deseo hacia aquello que crea en mí ritmos verbales, o los escucha de otros. Me estremezco si dicen bien. Tal página de Fialho, tal página de Chateaubriand, hacen hormiguear a mi vida en mis venas, me hacen rabiar trémulamente quieto de un placer inaccesible que estoy teniendo...

Como todos los grandes enamorados, me gusta la delicia de la pérdida de mí mismo, en la que el gozo de la entrega se sufre completamente. Y, así, muchas veces, escribo sin querer pensar, en un devaneo exterior, dejando que las palabras me hagan festejos, niño pequeño en su regazo. Son frases sin sentido, que corren mórbidas, con una fluidez de agua sentida, un olvidarse de riachuelo en el que las olas se mezclan e indefinen, volviéndose siempre otras, sucediéndose a sí mismas. Así las ideas, las imágenes, trémulas de expresión, pasan por mí en cortejos sonoros de sedas desvanecidas, donde una claridad lunar de idea fluctúa, batida y perpleja. No lloro por nada que la vida traiga o se lleve. Hay sin embargo páginas de prosa que me han hecho llorar. Me acuerdo, como si lo estuviera viendo, de la noche en que, siendo todavía niño, leí por primera vez, en una antología, el célebre paso de Vieira sobre el Rey Salomón. "Fabricó Salomón un palacio..." Y seguí leyendo, hasta el final, trémulo, confuso; después rompí en llanto dichoso, como el que ninguna felicidad real me hará llorar, como el que ninguna tristeza de la vida me hará imitar. Aquel movimiento solemne de nuestra clara lengua majestuosa, aquel expresar las ideas en las palabras inevitables, correr de agua porque hay un declive, aquel asombro vocálico en que los sonidos son colores ideales; todo esto me embriagó instintivamente como una gran conmoción política. Y, lo he dicho, lloré; hoy, al acordarme, lloro. No es –no la añoranza de infancia, de la que no tengo añoranzas: es la añoranza de la emoción de aquel momento, la tristeza de no poder leer ya por primera vez aquella gran seguridad sinfónica. No tengo ningún sentimiento político o social. Tengo, sin embargo, en un sentido, un alto sentimiento patriótico. Mi patria es la lengua portuguesa. No me pesaría que invadiesen o tomasen Portugal, siempre que no me molestasen personalmente. Pero odio, con odio verdadero, con el único odio que siento, no a quien escribe mal portugués, no a quien no sabe sintaxis, no a quien escribe en ortografía simplificada, sino a la página mal escrita, como a persona propia, a la sintaxis equivocada, como a gente a la que golpear, a la ortografía sin ípsilon, como al salivazo directo que me enoja independientemente de quien lo haya escupido. Sí, porque la ortografía también es gente. La palabra es completa vista y oída. Y la fiesta de la transliteración grecorromana me la viste con su verdadero manto regio, gracias al cual es reina y señora.

(17)

Desde que las últimas lluvias han dejado el cielo y se han quedado en la tierra ciclo limpio, tierra húmeda y brillante la claridad mayor de la vida que como el azul ha vuelto a lo alto, y en la frescura de haber habido agua se ha alegrado abajo, ha dejado un cielo propio en las almas, una frescura suya en los corazones. Somos, por poco que lo queramos, siervos del tiempo y de sus colores y formas, súbditos del cielo y de la tierra. Aquel de nosotros que más se embreñe en sí mismo, despreciando lo que le rodea, ese mismo no se embreña por los mismos caminos cuando llueve que cuando el cielo está sereno. Oscuras transmutaciones, sentidas tal vez sólo en lo íntimo de los sentimientos abstractos, se producen porque llueve o porque ha dejado de llover, se sienten sin que se sientan porque, sin sentir, se ha sentido al tiempo. Cada uno de nosotros es varios, es muchos, es una prolijidad de sí mismos. Por eso, aquel que desprecia al ambiente no es el mismo que por él se alegra o padece. En la vasta colonia de nuestro ser hay gente de muchas especies, pensando y sintiendo de manera diferente. En este mismo momento, en que escribo, en un intervalo legítimo del hoy escaso trabajo, estas pocas palabras de impresión, soy yo quien las escribe atentamente, soy yo el que está contento de no tener que trabajar en este momento, soy yo el que está viendo el cielo allá fuera, invisible desde aquí, soy yo el que está pensando todo esto, soy yo el que siente al cuerpo contento y a las manos vagamente frías. Y todo este mundo mío de gente ajena entre sí proyecta, como una multitud diversa pero compacta, una sombra única –este cuerpo quieto y escribiente con que me reclino, de pie, contra el escritorio alto de Borges, donde he venido a buscar mi secante, que le había prestado.

(18)

Todo se me evapora. Mi vida entera, mis recuerdos, mi imaginación y lo que contiene, mi personalidad, todo se me evapora. Continuamente siento que he sido otro, que he sentido otro, que he pensado otro. Aquello a lo que asisto es un espectáculo con otro escenario. Y aquello a lo que asisto soy yo. Encuentro a veces, en la confusión vacía de mis gavetas literarias, papeles escritos por mí hace diez años, hace quince años, hace quizá más años. Y muchos de ellos me parecen de un extraño; me desreconozco en ellos. Hubo quien los escribió, y fui yo. Los sentí yo, pero fue como en otra vida, de la que hubiese despertado como de un sueño ajeno.

Es frecuente que encuentre cosas escritas por mí cuando todavía era muy joven, fragmentos de los diecisiete años, fragmentos de los veinte años. Y algunos tienen un dominio de expresión que no recuerdo poder haber tenido en aquel tiempo de mi vida. Hay en ciertas frases, en varios períodos, de cosas escritas a pocos pasos de mi adolescencia, que me parecen producto de tal cual soy ahora, educado por años y por cosas. Reconozco que no soy el mismo que era.

Y, habiendo sentido que me encuentro hoy en un progreso grande de lo que he sido, pregunto dónde está el progreso si entonces era el mismo que soy ahora. Hay en esto un misterio que me desencamina y me oprime. Hace unos días sufrí una impresión espantosa con un breve escrito de mi pasado. Recuerdo perfectamente que mi escrúpulo, por lo menos relativo, por el lenguaje data de hace pocos años. Encontré en una gaveta un escrito mío, mucho más antiguo, en que ese mismo escrúpulo estaba fuertemente acentuado. No me comprendí en el pasado positivamente. ¿Cómo he avanzado hacia lo que ya era? ¿Cómo me he conocido hoy lo que me desconocí ayer? Y todo se me confunde en un laberinto donde, conmigo, me extravío de mí. Desatino con el pensamiento, y estoy seguro de que esto que escribo ya lo he escrito. Lo recuerdo. Y pregunto al que en mí presume de ser si no habrá en el platonismo de las sensaciones otra anamnesis más inclinada, otro recuerdo de una vida anterior que apenas sea de esta vida... Dios mío, Dios mío, ¿a quién asisto? ¿Cuántos soy? ¿Quién es yo? ¿Qué es este intervalo que hay entre mí y mí?

(20)

OMAR KHAYYÁN

Omar tenía una personalidad; yo, afortunada o desgraciadamente, no tengo ninguna. De lo que soy a una hora, a la hora siguiente me separo; de lo que he sido un día, al día siguiente me he olvidado. Quien, como Omar, es quien es, vive en un solo mundo, que es el exterior; quien, como yo, no es quien es, vive no sólo en el mundo exterior, sino en un continuado y diverso mundo interior. Su filosofía, aunque quiera ser la misma que la de Omar, forzosamente no podrá serlo. Así, sin que de verdad lo quiera, tengo en mí, como si fuesen almas, las filosofías que critiqué; Omar podía rechazarlas todas, pues eran exteriores a él; no las puedo rechazar yo, porque son yo.

(21)

Al final de este día queda lo que quedó de ayer y quedará de mañana: el ansia insaciable e innúmera de ser siempre el mismo y otro.

(23)

LA SOCIEDAD EN QUE VIVO

Toda de sueño. Mis amigos soñados. Sus familias, hábitos, profesiones y (...)

(26)

Dar a cada emoción una personalidad, a cada estado de alma un alma.

(30)

Me he creado eco y abismo, pensando. Me he multiplicado profundizándome. El más pequeño incidente una alteración que sale de la luz, la caída enrollada de una hoja seca, el pétalo que se despega amarillecido, la voz del otro lado del muro o los pasos de quien la dice junto a los de quien la debe escuchar, el portón entreabierto de la quinta vieja, el patio que se abre con un arco de las casas amontonadas a la luz de la luna, todas estas cosas, que no me pertenecen, me prenden la meditación sensible con lazos de resonancia y de añoranza. En cada una de esas sensaciones soy otro, me renuevo dolorosamente en cada impresión indefinida. Vivo de impresiones que no me pertenecen, perdulario de renuncias, otro en el modo como soy yo.

(31)

He creado en mí varias personalidades. Creo personalidades constantemente. Cada sueño mío es inmediatamente, en el momento de aparecer soñado, encarnado en otra persona, que pasa a soñarlo, y yo no. Para crear, me he destruido; tanto me he exteriorizado dentro de mí, que dentro de mí no existo sino exteriormente. Soy la escena viva por la que pasan varios actores representando varias piezas.

(36)

ENCOGIMIENTO DE HOMBROS

Damos comúnmente a nuestras ideas de lo desconocido el color de nuestras nociones de lo

conocido: si llamamos a la muerte un sueño es porque parece un sueño por fuera; si llamamos a la muerte una nueva vida, es porque parece una cosa diferente a la vida. Con pequeños malentendidos con la realidad construimos las creencias y las esperanzas, y vivimos de las cortezas a las que llamamos panes, como los niños pobres que juegan a ser dichosos. Pero así es toda la vida; así, por lo menos, es ese sistema de vida particular al que, en general, se llama civilización. La civilización consiste en dar a algo un nombre que no le compete, y después soñar sobre el resultado. Y, realmente, el nombre falso y el sueño verdadero crean una nueva realidad. El objeto se vuelve realmente otro. Manufacturamos ideales. La materia prima sigue siendo la misma, pero la forma, que el arte le ha dado, la aleja de continuar siendo efectivamente la misma. Una mesa de pino es pino pero también es mesa. Nos sentamos a la mesa y no al pino. Un amor es un instinto sexual, pero no amamos con el instinto sexual, sino con la hipótesis de otro sentimiento. Y esa hipótesis es ya, en efecto, otro sentimiento. No sé qué efecto sutil de luz, o ruido vago, o memoria de perfume o música, tañida por no sé qué influencia externa, me ha traído de repente, en pleno ir por la calle, estas divagaciones que anoto sin prisa, al sentarme, en el café, distraídamente. No sé a dónde iba a conducir los pensamientos, o dónde preferiría conducirlos. El día es de una leve niebla húmeda y caliente, triste sin amenazas, monótono

sin razón. Me duele un sentimiento que desconozco; me falta un argumento no sé sobre qué; no tengo deseo en los nervios. Estoy triste por debajo de la conciencia. Y escribo estas líneas, realmente mal anotadas, no para decir esto, ni para decir nada, sino para dar un trabajo a mi diversión. Voy llenando lentamente, a trazos flojos de lápiz que no tengo sentimentalismo para afilar el papel blanco de envolver los bocadillos que me han dado en el café, porque no necesitaba uno mejor y cualquiera servía, siempre que fuese blanco. Y me doy por satisfecho. Me reclino. La tarde cae fastidiosa y sin lluvia, con un tono de luz desalentado e inseguro... Y dejo de escribir porque dejo de escribir.

(47)

Hay días en que cada persona que encuentro y, aún más, las personas con las que convivo cotidianamente y a la fuerza, asumen aspecto de símbolos y, o aislados o juntándose, forman una escritura profética u oculta, expresiva en sombras de mi vida. La oficina se me vuelve una página con palabras de gente; la calle es un libro; las palabras cambiadas con los habituales, los desacostumbrados que encuentro, son decires para los que me falta el diccionario, pero no del todo el intelecto. Hablan, expresan, sin embargo no es de ellos de quien hablan, ni es a ellos a quienes expresan; son palabras, lo he dicho, y no muestran, dejan transparecer. Pero, en mi visión crepuscular, sólo vagamente distingo lo que esas vidrieras repentinas, reveladas en la superficie de las cosas, admiten del interior que velan y revelan. Entiendo sin discernimiento, como un ciego al que hablasen en colores. Pasando a veces por la calle, oigo trozos de conversaciones íntimas, y casi todas son de la otra mujer, del otro hombre, del muchacho de la alcahueta o de la amante de aquel... Llevo, sólo por haber oído estas sombras de discurso humano que es, a fin de cuentas, todo aquello en que se ocupan la mayoría de las vidas conscientes, un tedio de asco, una angustia de exilio entre arañas y la conciencia súbita de mi apocamiento entre la gente real; la condenación de ser vecino igual, ante el señorío y el sitio, de los otros inquilinos de la muchedumbre mirando con asco, por entre las verjas traseras del almacén del entresuelo, la basura ajena que se amontona con la lluvia en el zaguán que es mi vida.

(56)

TORMENTA

Este aire bajo de nubes paradas. El azul del cielo estaba sucio de blanco transparente.

El mozo, al fondo de la oficina, suspende durante un minuto el cordel alrededor del bulto eterno... "Qué (...) hace", comenta estadísticamente. Un silencio frío. Los ruidos de la calle como si fueran zanjados a cuchillo. Se ha sentido, prolongadamente, como un malestar de todo, un suspender cósmico de la respiración. Se ha parado el universo entero. Momentos, momentos, momentos. La tiniebla se ha encarbonado de silencio. Súbitamente, acero vivo, (...) ¡Qué humano era el campanillazo metálico de los tranvías! ¡Qué paisaje alegre la simple lluvia en la calle renacida del abismo!

¡Oh Lisboa, hogar mío!

(62)

Amo, en las tardes aplazadas del verano, el sosiego de la parte baja de la ciudad, y sobre todo ese sosiego que el contraste acentúa allí donde el día se sumerge en un bullicio mayor. La Calle del Arsenal, la Calle de la Aduana, la prolongación de las calles tristes que se arrastran hacia el este a partir de donde termina la Aduana, toda la línea apartada de los muelles tranquilos –todo esto me reconforta tristemente, si me introduzco, esas tardes, en la soledad de su conjunto. Vivo una época anterior a aquella en que vivo; disfruto de sentirme coetáneo de Cesário Verde, y tengo en mí, no otros versos como los suyos, sino la substancia igual a la de los versos que fueron suyos. Arrastro por allí, hasta que llega la noche, una sensación de vida parecida a la de esas calles. De día, están llenas del bullicio que no quiere decir nada; de noche, están llenas de una falta de bullicio que no quiere decir nada. Yo, de día soy nulo, y de noche soy yo. No existe diferencia entre mí y las calles del lado de la Aduana, salvo que ellas son calles y yo soy alma, lo que puede ser que no valga nada ante lo que es la esencia de las cosas. Hay un destino igual, porque es abstracto, para los hombres y para las cosas una denominación igualmente indiferente en el álgebra del misterio.

Pero hay algo más… En estas horas lentas y vacías, me sube del alma a la mente una tristeza de todo el ser, la amargura de ser al mismo tiempo una sensación mía y una cosa exterior, que no está en mí poder trastornar. ¡Ah, cuántas veces mis propios sueños se me imponen como cosas, no para sustituirme a la realidad, sino para confesárseme sus pares en no quererlos yo, en surgirme por fuera como el tranvía que da la vuelta en la curva del extremo de la calle, o la voz del pregonero nocturno, de no sé qué cosa, que se destaca, tonada árabe, como un burbujeo súbito, de la monotonía del atardecer. Pasan matrimonios futuros, pasan las parejas de modistillas, pasan jóvenes con urgencia de placer, fuman en el paseo de siempre los excluidos de todo, en una u otra puerta se resguardan los vagos parados que son dueños de las tiendas. Lentos, fuertes y débiles, los reclutas sonambulizan en grupos ora muy ruidosos, ora más que ruidosos. Gente normal surge de vez en cuando. Allí, los automóviles no son muy frecuentes a estas horas (…) En mi corazón hay una paz de angustia, y mi sosiego está hecho de serenidad.

Pasa todo esto y nada de todo esto me dice nada, todo es ajeno a mi sentir, (…) cuando el acaso tira piedras, ecos de voces desconocidas revoltijo colectivo de la vida.

El cansancio de todas las ilusiones y de todo lo que hay en las ilusiones: su pérdida, la inutilidad de tenerlas, el antecansancio de tener que tenerlas para perderlas, la amargura de haberlas tenido, la vergüenza erudita de haberlas tenido sabiendo que tendrían tal fin.

La conciencia de la inconsciencia de la vida es el más antiguo impuesto a la inteligencia. Hay inteligencias inconscientes… brillos del espíritu, cadenas del entendimiento, voces y filosofías que tienen el mismo entendimiento que los reflejos del cuerpo, que la administración que el hígado y los riñones hacen de sus secreciones.

(77)

PAISAJE DE LLUVIA

En cada gota de lluvia mi vida naufragada llora en la naturaleza.

Hay algo de mi desasosiego en el goteo, en el aguacero tras aguacero con que la tristeza del día se vierte inútilmente /por/ sobre la tierra.

Llueve tanto, tanto. Mi alma está húmeda de oírlo. Tanto... Mi carne es líquida y acuosa alrededor de mi sensación de ella.

Un frío desasosegado pone unas manos gélidas alrededor de mi pobre corazón. Las horas

cenicientas y (...) se prolongan, se aplanan con el tiempo; los instantes se arrastran.

¡Cómo llueve! Los canalones vomitan torrentes mínimos de aguas siempre súbitas. Baja por / mi saber/ que hay alcantarillas un ruido turbulento de bajada de agua. Golpea contra la ventana, indolente gemidoramente la lluvia; en la (...)

Una mano fría me aprieta la garganta y no me deja respirar la vida.

¡Todo muere en mí, incluso el saber que puedo soñar! De ninguna manera física estoy bien.

Todas las blanduras en que me reclino tienen aristas para mi alma.

(79)

Me irrita la felicidad de todos estos hombres que no saben que son desgraciados. Su vida humana está llena de todo cuanto compondría una serie de angustias para una sensibilidad verdadera. Pero, como su verdadera vida es vegetativa, lo que sufren pasa por ellos sin tocarles el alma, y viven una vida que se puede comparar únicamente con la de un hombre con dolor de muelas que hubiese recibido una fortuna, la fortuna auténtica de estar viviendo sin darse cuenta, el mayor don que los dioses conceden, porque es el don de ser semejante a ellos, superior como ellos (aunque de otro modo) a la alegría y al dolor.

Por eso, a pesar de todo, los amo a todos. ¡Mis queridos vegetales!

(96)

Vivir es ser otro. Ni sentir es posible si hoy se siente como ayer se sintió: sentir hoy lo mismo que ayer no es sentir: es recordar hoy lo que se sintió ayer, ser hoy el cadáver vivo de lo que ayer fue la vida perdida.

Apagarlo todo en el cuadro de un día para otro, ser nuevo con cada nueva madrugada, en una revirginidad perenne de la emoción: esto, y sólo esto, vale la pena ser o tener, para ser o tener lo que imperfectamente somos. Esta madrugada es la primera del mundo. Nunca este color rosa amarilleciendo para blanco caliente se ha posado así en la faz con que el caserío del oeste encara lleno de ojos vidriados el silencio que viene en la luz creciente. Nunca hubo esta hora, ni esta luz, ni este ser mío. Mañana, lo que será otra cosa, y lo que yo vea será visto por unos ojos recompuestos, llenos de una nueva visión. ¡Altos montes de la ciudad! Grandes arquitecturas que las cuestas escarpadas sostienen y engrandecen, resbalamientos de edificios diferentemente amontonados, que la luz teje de sombras y resquemores, sois hoy, sois yo, porque os veo sois lo que (...) y os amo desde la amurada como un navío que pasa junto a otro navío y tiene añoranzas desconocidas en el paisaje.

(99)

Todo se me ha vuelto insoportable, excepto la vida: la oficina, la casa, las calles; hasta lo

contrario, /si lo tuviese/, me sobresalta y me oprime; sólo lo aledaño me alivia. Sí, algo de todo esto es suficiente para consolarme. Un rayo de sol que entra eternamente en la oficina muerta; un pregón disparado que sube rápido hasta la ventana de mi cuarto; la existencia de gente; el existir del clima y el cambio del tiempo, la pasmosa objetividad del mundo...

El rayo de sol ha entrado de repente para mí, que lo he visto de repente... Era, sin embargo, un trazo de luz agudo, casi sin color cortando a cuchillo desnudo el suelo oscuro y maderoso, avivando, alrededor de donde pasaba, los clavos viejos y los surcos de entre las tablas, negras pautas de lo noblanco. Durante minutos seguidos he seguido el efecto inhumano de la penetración del sol en la oficina tranquila... ¡Ocupaciones de cárcel! Sólo los enclaustrados ven así moverse al sol, como quien mira a las hormigas.

(107)

Devaneo entre Cascaes y Lisboa. He ido a pagar en Cascaes una contribución del patrón Vasques, de una casa que tiene en Estoril. Disfruté previamente el placer de ir, una hora para allá, una hora para acá, viendo los aspectos siempre diferentes del gran río y de su desembocadura atlántica. En verdad, al ir, me perdí en meditaciones abstractas, viendo sin ver los paisajes acuáticos que me alegraba ir a ver, y al volver me he perdido en la fijación de estas sensaciones. No sería capaz de describir el más pequeño pormenor del viaje, el más pequeño trecho de lo visible. He ganado estas páginas por olvido y contradicción. No sé si eso es mejor o peor que lo contrario, que tampoco sé lo que es.

El tren cede, es el Caes do Sodré. He llegado a Lisboa, pero no a una conclusión.

(114)

He rechazado siempre que me comprendiesen. Ser comprendido es prostituirse. Prefiero ser

tomado en serio como el que no soy, ignorado humanamente, con pudor y naturalidad.

Nada podría indignarme tanto como que me extrañasen en la oficina. Quiero gozar conmigo la ironía de que no me extrañen. Quiero el cilicio de que me crean igual a ellos. Quiero la crucifixión de que no me distingan. Hay martirios más sutiles que aquellos que se mencionan de los santos y de los eremitas. Hay suplicios de la inteligencia como los hay del cuerpo y del deseo. Y de estos, como de los otros suplicios, existe una voluptuosidad.

(116)

Me levanto de la silla con un esfuerzo bestial, pero tengo la impresión de que me la llevo conmigo, y que es más pesada, porque es la silla de la subjetividad.

(124)

Para sentir la delicia y el terror de la velocidad no necesito automóviles veloces ni trenes expresos. Me basta un tranvía y la espantosa facultad de abstracción que poseo y cultivo.

En un tranvía en marcha, sé, gracias a una actitud constante e instantánea del análisis, separar la idea de tranvía de la idea de velocidad, separarlas del todo, hasta que son cosas reales diferentes.

Después, puedo sentirme siguiendo, no dentro del tranvía, sino dentro de su mera velocidad. Y, cansado, si acaso quiero el delirio de la velocidad enorme, puedo transportar la idea a la Pura imitación de la velocidad y a mi gusto aumentarla o disminuirla, ampliarla más allá de todas las velocidades posibles de vehículos trenes. Correr riesgos reales, además de aterrarme, no es por miedo que yo sienta excesivamente, me perturba la perfecta atención a mis sensaciones, lo que me molesta y despersonaliza. Nunca voy a donde hay riesgo. Le tengo miedo al tedio de los peligros.

Un ocaso es un fenómeno intelectual.

(125)

La vida es para nosotros lo que concebimos en ella. Para el rústico cuyo campo lo es todo, ese campo es un imperio. Para el César cuyo imperio le parece todavía poco, ese imperio es un campo. El pobre posee un imperio; el grande posee un campo. En verdad, no poseemos más que nuestras propias sensaciones; en ellas, pues, que no en lo que ellas ven, tenemos que fundamentar la realidad de nuestra vida.

/Esto no viene a propósito de nada./

He soñado mucho. Estoy cansado de haber soñado, pero no cansado de soñar. De soñar nadie se cansa, porque soñar es olvidar, y olvidar no pesa y es un sueño sin sueños en el que estamos despiertos. En sueños lo he conseguido todo. También he despertado, ¿pero qué importa? ¡Cuántos Césares he sido! ¡Y los gloriosos, qué mezquinos! César, salvado de la muerte por la generosidad de un pirata, manda crucificar a aquel pirata después de que, buscándolo bien, consigue apresarlo. Napoleón, haciendo su testamento en Santa Helena, deja un legado a un facineroso que había intentado asesinar a Wellington. ¡Oh grandezas iguales a las del alma de la vecina bizca! ¡Oh grandes hombres de la cocinera del otro mundo! ¡Cuántos Césares he sido, y sueño todavía ser! Cuántos Césares he sido, pero no de los reales. He sido verdaderamente imperial mientras he soñado, y por eso nunca he sido nada. Mis ejércitos fueron derrotados, pero la derrota fue blanda, y nadie murió. No perdí banderas. No he soñado hasta el punto del ejército, donde aquéllas apareciesen a mi vista en cuyo sueño hay una esquina. Cuántos Césares he sido, aquí mismo, en la Calle de los Doradores. Y los Césares que he sido viven todavía en mi imaginación; pero los Césares que han sido están muertos, y la Calle de los Doradores, es decir, la realidad, no puede conocerlos. Lanzo la caja de cerillas, que está vacía, al abismo que es la calle más allá del antepecho de mi ventana sin voladizo. Me levanto de la silla y escucho. Nítidamente, como si significase algo, la caja de cerillas vacía suena en la calle que (se) me declara desierta. No hay más sonido ninguno, salvo los de la ciudad entera. Sí, los de la ciudad de un domingo entero tantos, que no se entienden, y todos exactos. Cuán poco, en el mundo real, forma el soporte de las mejores meditaciones. El haber llegado tarde a almorzar, el haberse terminado las cerillas, el haber tirado, individualmente, la caja a la calle, la mala disposición por haber comido a deshoras, el ser el domingo la promesa aérea de un ocaso malo, el no ser nadie en el mundo, es toda la metafísica.

¡Pero cuántos Césares he sido!

(142)

El olfato es una vista extraña. Evoca paisajes sentimentales mediante un dibujar repentino de lo subconsciente. He sentido esto muchas veces. Paso por una calle. No veo nada o, mejor, mirándolo todo, veo como todo el mundo ve. Sé que voy por una calle que existe con lados hechos de casas diferentes y construidas por seres humanos. Paso por una calle. De una panadería sale un olor a pan que da náuseas por lo dulce de su olor: y mi infancia se yergue desde determinado barrio alejado, y otra panadería me surge de aquel reino de hadas que es todo lo que se nos ha muerto. Paso por una calle. Huele de repente a las frutas del tablero inclinado de la tienda estrecha; y mi breve vida en el campo, no sé ya cuándo ni dónde, tiene árboles al final y sosiego en mi corazón, indiscutiblemente niño. Paso por una calle. Me trastorna, sin esperármelo, un olor a los cajones del cajonero: ¡oh Cesário mío!, te apareces ante mí y soy, por fin, feliz porque he regresado, gracias al recuerdo, a la única verdad, que es la literatura.

(155)

Todo es absurdo. Éste dedica la vida a ganar un dinero que guarda, y no tiene hijos a quien dejarlo ni la esperanza de que un cielo le reserve una trascendencia de ese dinero. Aquél dedica su esfuerzo a obtener fama, para después de muerto, y no cree en esa supervivencia que le haría conocer su fama.

Este otro se consume por conseguir cosas que en realidad no le gustan. Más adelante hay uno que (...). Uno lee para saber, inútilmente. Otro se divierte para vivir, inútilmente.

Voy en un tranvía, y voy fijándome lentamente, de acuerdo con mi costumbre, en todos los

detalles de las personas que van delante de mí. Para mí, los detalles son cosas, voces, frases. En este vestido de muchacha que va frente a mí, descompongo el vestido en la tela de que se compone, el trabajo con que lo han hecho pues lo veo como vestido y no como tela y el bordado leve que rodea a la parte que da la vuelta al cuello se me separa de un torzal de seda, con el que se lo bordó, y el trabajo que fue bordarlo. E inmediatamente, como en un libro elemental de economía política, se desdoblan ante mí las fábricas y los trabajos: la fábrica donde se hizo el tejido; la fábrica donde se hizo el tonal, de un tono más oscuro, con el que se orla de cositas encrespadas su sitio junto al cuello; y veo las secciones de las fábricas, las máquinas, los obreros, las modistas; mis ojos vueltos hacia dentro penetran en las oficinas, veo a los gerentes procurar estar sosegados, sigo, en los libros, la

contabilidad de todo esto; pero no es sólo eso: veo, hacia allá, las vidas domésticas de los que viven su vida social en esas fábricas y en esas oficinas... Todo el mundo se despliega ante mis ojos sólo porque tengo ante mí, debajo de un cuello moreno, que al otro lado tiene no sé qué cara, un adornar irregular verde oscuro sobre el verde claro de un vestido.

Toda la vida social yace ante mis ojos. Más allá de esto, presiento los amores, las intimidades, el alma, de todos cuantos trabajan para que esta mujer esté delante de mí en el tranvía, lleve, en torno a su cuello mortal, la trivialidad sinuosa de un cordoncillo de seda verde oscura tejido verde menos oscuro. Me aturdo. Los asientos del tranvía, de un entrelazado de paja fuerte y menuda, me llevan a regiones distantes, se me multiplican en industrias, obreros, casas de obreros, vidas, realidades, todo.

Salgo del tranvía agotado y sonámbulo. He vivido la vida entera.

(178)

Vivo siempre en el presente. El futuro, no lo conozco. El pasado, ya no lo tengo. Me pesa el uno como la posibilidad de todo, el otro como la realidad de nada. No tengo esperanzas ni nostalgias. Conociendo lo que ha sido mi vida hasta hoy –tantas veces y en tantas cosas lo contrario de lo que yo deseaba, ¿qué puedo presumir de mi vida de mañana, sino que será lo que no sospecho, lo que no quiero, lo que me sucede desde fuera, hasta a través de mi voluntad? No tengo nada en mi pasado que recuerde con el deseo inútil de repetirlo. Nunca he sido sino un rastro y un simulacro de mí. Mi pasado es todo cuanto no he conseguido ser. Ni las sensaciones de los momentos pasados me resultan melancólicas: lo que se siente exige el momento; pasado éste, hay un volver de página y la historia continúa, pero no el texto. Breve sombra oscura de un árbol citadino, leve triste de agua que cae en el estanque triste, verde del césped regular del jardín público casi al ocaso, sois, en este momento, el universo entero para mí, porque sois el contenido pleno de mi sensación consciente. No quiero más de la vida que sentirla perderse en estas tardes imprevistas, al son de niños ajenos que juegan en estos jardines enverjados por la nostalgia de las calles que los rodean, y frondosos, más allá de las ramas altas de los árboles por el cielo viejo donde las estrellas recomienzan.

(218)

He sido siempre un soñador irónico, infiel a las promesas interiores. He gozado siempre, como otro y extranjero, de las derrotas de mis devaneos, asistente casual a lo que pensé ser. Nunca he dado fe a aquello en que he creído. He llenado mis manos de arena, le he llamado oro, y he abierto las manos de toda ella, escurridiza. La frase había sido la única verdad. Una vez dicha la frase, todo estaba consumado; lo demás era la arena que siempre había sido. Si no fuese por el soñar siempre, por el vivir en una perpetua enajenación, podría, de buen grado, llamarme un realista, es decir, un individuo para quien el mundo exterior es /una nación/independiente. Pero prefiero no procurarme nombre, ser lo que soy con /cierta/ oscuridad y tener para conmigo mismo la malicia de no saberme prever. Tengo una especie de deber de soñar siempre, pues, no siendo más, ni queriendo ser más, que un espectador de mí mismo, tengo que tener el mejor espectáculo que puedo. Así me construyo con oro y sedas, en salas supuestas, tablado falso, escenario antiguo, sueño creado entre juego de luces suaves y músicas incorpóreas.

Guardo, íntimo, como la memoria de un beso agradable, el recuerdo infantil de un teatro en que el escenario azulado y lunar figuraba la terraza de un palacio imposible. Había, pintado también, un parque vasto alrededor, y gasté el alma en vivir como real todo aquello. La música, que sonaba blanda en aquella ocasión /mental/ de mi experiencia de la vida, convertía en real de una fiebre aquel escenario gratuito. El escenario era definitivamente azulado y lunar. En el tablado, no recuerdo quién aparecía, pero la pieza que pongo en el paisaje recordado me sale hoy de los versos de Verlaine y Pessanha; no era la que olvido, pasada en el palco vivo más acá de aquella realidad de azul música. Era mía y fluida, (la) mascarada inmensa y lunar, (el) interludio de plata y azul concluido. Después vino la vida. Aquella noche me llevaron a cenar al León. Conservo aún el recuerdo de los filetes en el paladar de la nostalgia filetes, lo sé porque lo supongo, como hoy nadie hace o no como yo. Y todo se me mezcla infancia, vivida a distancia, comida sabrosa de noche, escenario lunar, Verlaine futuro y yo presente en una diagonal confusa, en un espacio falso entre lo que he sido y lo que soy.

(251)

He vivido, durante unas horas incógnitas, momentos sucesivos sin relación, en el paseo en que he ido, de noche, a la orilla solitaria del mar. Todos los pensamientos, que han hecho vivir a hombres, todas las emociones, que los hombres han dejado de vivir, han pasado por mi mente, como un resumen de la historia, en esta meditación mía andada a la orilla del mar. He sufrido en mí, conmigo, las aspiraciones de todas las eras, y conmigo se han paseado, a la orilla oída del mar, los desasosiegos de todos los tiempos. Lo que los hombres quisieron y no hicieron, lo que mataron al hacerlo, lo que las almas fueron y nadie dijo: de todo esto se ha formado el alma sensible con que he paseado de noche a la orilla del mar. Y lo que los amantes extrañaron en el otro amante, lo que la mujer ocultó siempre al marido de quien es, lo que la madre piensa del hijo que no ha tenido, lo que tuvo forma solamente en una sonrisa o en una oportunidad, en un tiempo que no fue éste o en una emoción en que falta todo esto, en mi paseo a la orilla del mar, ha ido conmigo y ha vuelto conmigo, y las olas retorcían magnamente el acompañamiento que me hacía dormirlo. Somos quienes no somos, y la vida es veloz y triste. El ruido de las olas por la noche es un ruido de la noche; ¡y cuántos lo han oído en su propia alma, como la esperanza constante que se deshace en la oscuridad, como un ruido sordo de espuma profunda! (Qué lágrimas lloraron los que obtuvieron, qué lágrimas perdieron los que consiguieron! Y todo esto, durante el paseo a la orilla del mar, se me tomó el secreto de la noche y la confidencia del abismo. ¡Cuántos somos! ¡Cuántos nos engañamos! ¡Qué mares suenan en nosotros, en la noche de ser nosotros, por las playas que nos sentimos en los encharcamientos de la emoción! Lo que se ha perdido, lo que se debería haber perdido, lo que se ha conseguido y ha satisfecho por error, lo que amamos y perdimos y, después de perderlo, vimos, amándolo por haberlo tenido, que no lo habíamos amado; lo que creíamos que pensábamos cuando sentíamos; lo que era un recuerdo y creíamos que era una emoción; y el mar en todo, llegando allá, rumoroso y fresco, del gran fondo de toda la noche, a agitarse fino en la playa, en el transcurso nocturno de mi paseo a la orilla del mar… ¿Quién sabe siquiera lo que piensa, o lo que desea? ¿Quién sabe lo que es para sí mismo? ¡Cuántas cosas insinúa la música y uno sabe bien que no pueden ser! ¡Cuántas recuerda la noche y lloramos, y no han sido nunca! Como una voz suelta de la paz tumbada a lo largo, el enrollamiento de la ola estalla y se enfría y hay un salivar audible por la playa invisible. ¡Cuánto me muero si siento por todo! ¡Cuánto siento si así vagabundeo, incorpóreo y humano, con el corazón parado como una playa, y todo el mar de todo, en la noche que vivimos, batiendo alto, burlón, y se enfría, en mi eterno paseo a la orilla del mar!

(284)

MILÍMETROS (SENSACIONES DE COSAS MÍNIMAS)

Como el presente es antiquísimo, porque todo cuanto ha existido ha sido presente, tengo para todas las cosas, porque pertenecen al presente, cariños de coleccionista, y furias de coleccionista precedido contra quien me saca de mis errores sobre las cosas con plausibles, y hasta verdaderas, explicaciones científicas y fundamentadas. Las varias posiciones de una mariposa que vuela ocupa sucesivamente el espacio son para mis ojos maravillados varias cosas que permanecen en el espacio visiblemente. Mis reminiscencias son tan vívidas que (...) Pero sólo las sensaciones mínimas, y de cosas ínfimas, son las que vivo intensamente. Será por mi amor a lo fútil por lo que esto me sucede. Puede que sea por mi escrúpulo en el detalle. Pero más bien creo no lo sé, estas cosas nunca las analizo que es porque lo mínimo, por no tener en absoluto importancia ninguna social o práctica, tiene, debido a la mera ausencia de esto, una independencia absoluta de asociaciones sucias con la realidad. Lo mínimo me sabe a irreal. Lo inútil es bello porque es menos real que lo útil, que se continúa y prolonga, al paso que lo maravilloso fútil, lo glorioso infinitesimal, se queda dónde está, no pasa de ser lo que es, vive libre e independiente. Lo inútil y lo fútil abren en nuestra vida real intervalos de estática humilde. ¡Cuánto de sueño y amorosas delicias no me provoca en el alma la mera existencia insignificante de un alfiler clavado en una cinta! ¡Triste de quien no sabe la importancia que esto tiene! Después, entre las sensaciones que más penetrantemente duelen hasta ser agradables, el desasosiego del misterio es una de las más complejas y extensas. Y el misterio nunca se transparenta tanto como en la contemplación de las pequeñitas cosas, que, como se mueven, son perfectamente translúcidas a él, pues se detienen para dejarlo pasar. Es más difícil poseer el sentimiento del misterio contemplando una batalla, y eso que pensar en lo absurdo que es que haya gente, y sociedades y combates entre ellas, es una de las cosas que más pueden desplegar dentro de nuestro pensamiento la bandera de conquista del misterio que ante la contemplación de una piedrecita quieta en un camino, que, porque no provoca ninguna idea además de la de que existe, otra idea no puede provocar, si continuamos pensando, que, inmediatamente, la de su misterio de existir. ¡Benditos sean los instantes, y los milímetros, y las sombras de las cosas pequeñas, todavía más humildes que ellas! Los instantes, (...) Los milímetros qué impresión de asombro y de osadía me causa su existencia, uno al lado del otro y muy cercana, en una cinta métrica. A veces padezco y gozo con estas cosas. Tengo un /orgullo tosco/ en esto. Soy una placa fotográfica prolijamente impresionable. Todos los detalles se me graban desproporcionadamente y forman parte de un todo. Sólo me ocupo de mí. El mundo exterior me resulta siempre evidentemente una sensación. Nunca olvido que siento.

(293)

Del estudio de la metafísica, (...) pasé a las ocupaciones del espíritu más violentas para el equilibrio de los nervios. Gasté aterrorizadas noches inclinado sobre volúmenes de místicos y de cabalistas, que nunca tenía paciencia para leer del todo de otra manera que intermitentemente trémulo y (...) Los ritos y las razones de los Rosacruces, la simbología (...) de la Cábala y de los Templarios (...) sufrí durante mucho tiempo la proximidad de todo eso. Y llenaron la fiebre de mis días especulaciones venenosas, de la razón demoníaca de la metafísica, la magia (...) la alquimia y extraje un falso estímulo vital de sensación dolorosa y presciente de estar siempre como al borde de saber un misterio soberano. Me perdí por los sistemas secundarios, excitados, de la metafísica, sistemas llenos de analogías perturbadoras, de trampas para la inteligencia, que disponen paisajes misteriosos donde reflejos de lo sobrenatural despiertan misterios en los contornos. Envejecí por las sensaciones... Me gasté disfrutando de los pensamientos... Y mi vida pasó a ser una fiebre metafísica, siempre descubriendo sentidos ocultos en las cosas, jugando con el fuego de las analogías misteriosas, proclamando la lucidez integral, la síntesis normal para (...)se.

Caí en una compleja indisciplina cerebral, llena de indiferencias. ¿Dónde me refugié? Tengo la impresión de que no me refugié en ninguna parte. Me abandoné pero no sé a qué.

Concentré y limité mis deseos, para poder elaborarlos mejor. Para llegar al infinito, y creo que se puede llegar allí, es preciso que tengamos un puerto, uno sólo, firme, y partir de él hacia lo Indefinido. Hoy soy ascético en mi religión de mí mismo. Un pocillo de café, un cigarro y mis sueños substituyen bien al universo y a sus estrellas, al trabajo, al amor, hasta a la belleza y a la gloria. Casi no tengo necesidad de estímulos. Opio tengo yo en el alma.

¿Qué sueños tengo? No lo sé. Me he esmerado en llegar a un punto donde no sepa ya en qué pienso, en qué sueño, qué visiones tengo. Me parece que sueño cada vez desde más lejos, que cada vez sueño más lo vago, lo impreciso, lo no susceptible de visiones. No tengo teorías respecto a la vida. Si es buena o mala, no lo sé, no lo pienso. A mis ojos es dura y triste, con sueños deliciosos por medio. ¿Qué me importa lo que es para los demás?

La vida de los demás sólo me sirve para vivirle a cada uno la vida que me parece que les conviene en mi sueño.

(347)

¿Viajar? Para viajar basta con existir. Voy de día a día, como de estación a estación, en el tren de mi cuerpo, o de mi destino, asomado a las calles y a las plazas, a los gestos y a los rostros, siempre iguales y siempre diferentes como, al final, lo son todos los paisajes.

Si imagino, veo. ¿Qué más hago si viajo? Sólo la debilidad extrema de la imaginación justifica que haya que desplazarse para sentir. "Cualquier carretera, esa misma carretera de Entepfuhl, te llevará hasta el fin del mundo." Pero el fin del mundo, desde que el mundo se ha acabado dándole la vuelta, es el mismo Entepfuhl de donde se ha partido. En realidad, el fin del mundo, como el principio, es nuestro concepto del mundo. Es en nosotros donde los paisajes tienen paisaje. Por eso, si los imagino, los creo; si los creo, existen; si existen, los veo como a los otros. ¿Para qué viajar? En Madrid, en Berlín, en Persia, en la China, en ambos Polos, ¿dónde estaría yo sino en mí mismo, y en el tipo y género de mis sensaciones? La vida es lo que hacemos de ella. Los viajes son los viajeros. Lo que vemos no es lo que vemos, sino lo que somos.

(447)

El mundo exterior existe como un actor en un escenario: está allí pero es otra cosa.

(460)

Escribir es olvidar. La literatura es la manera más agradable de ignorar la vida. La música acaricia, las artes visuales animan, las artes vivas (como la danza y la representación) entretienen. La primera, sin embargo, se aleja de la vida porque hace de ella un sueño; las segundas, a pesar de todo, no se alejan de la vida unas porque usan de fórmulas visibles y por lo tanto vitales, otras porque viven de la misma vida humana. No es éste el caso de la literatura. Esta simula la vida. Una novela es una historia de lo que nunca ha sido y un drama es una novela ofrecida sin narración. Un poema es la expresión de ideas o de sentimientos en un lenguaje que nadie emplea, puesto que nadie habla en verso.

(474)

ESTÉTICA DEL DESALIENTO

Ya que no podemos extraer belleza de la vida, busquemos al menos extraer belleza de no poder extraer belleza de la vida. Hagamos de nuestro fracaso una victoria, algo positivo y erguido, con columnas, majestad y beneplácito espiritual.

Si la vida (no) nos ha dado más que una celda de reclusión, hagamos por ornamentarla, aunque más no sea, con las sombras de nuestros sueños, formas y colores /mezclados/, esculpiendo nuestro olvido bajo la quieta fachada de los muros.

Como todo soñador, siempre he sentido que mi oficio era crear. Como nunca he sabido hacer un esfuerzo o activar una intención, crear me ha coincidido siempre con soñar, querer o desear; y hacer gestos, con soñar los gestos que desearía poder hacer.

GASTÓN BAQUERO

Poesía completa

I.S.B.N.: 978-84-9074-842-0

Esta segunda edición incorpora nuevos poemas inéditos, amplía notablemente la bibliografía baqueriana, ha corregido erratas de la primera edición, al tiempo que, para mayor coherencia, ha modificado adecuadamente el índice.

RUBÉN DARÍO

Poesía completa

I.S.B.N.: 978-84-9074-324-9

La vida y la obra de Rubén Darío estuvieron marcadas desde su nacimiento por un extraño designio de confusión y equívocos. Su nombre no era su verdadero nombre, sus padres no eran sus verdaderos padres, el país en donde alcanzó la verdadera fama literaria no era el país que le vio nacer, los primeros juicios que sobre él emitieron personajes ilustres y autorizados se harán populares más tarde de un modo inexacto y ambiguo.

Pocos podrían sostener hoy en día que no fue –que no es– el "Poeta de América". De cualquier modo –y cualesquiera que sean sus contradicciones y ambigüedades–, hay un camino en la trayectoria de Darío que nunca podrá ser reversible, el camino de su renovación artística. Más allá de la significación anecdótica de su peripecia vital, más allá del lugar que haya ocupado en el agitado clamor social de la realidad hispanoamericana («¿Tantos millones de hombres hablaremos inglés?»), más allá de lo que los críticos hayan afirmado durante años, el «amor al amor y el amor a la poesía» que derrochó durante toda su vida hicieron de él, no sólo el poeta más universal de América, sino, lo que es mucho más trascendente, el poeta sin cuya obra jamás podría haberse producido la transformación que experimenta durante el siglo XX la poesía escrita en lengua castellana.